大夏书系 | 不同文体的教学

散文的阅读与教学

总主编 王 红 徐冬梅

邵龙霞 著

华东师范大学出版社
·上海·

做这个时代的点灯人，下一个时代的开启者

1983 年我初中毕业，成为一名中师生。有幸遇到自己的文学启蒙老师，并在 20 世纪 80 年代的改革开放大潮和文学氛围浓厚的校园里，阅读和成长。虽然后来也有深造和访学研修的机会，但在真正意义上，阅读是我的大学。阅读给了我内在的耳朵和内在的眼睛，让我拥有了丰富的精神世界和独立的思考能力。

1988 年，我成为扬州师范学校的老师，任教小学语文教材教法这门专业课。给我的学生，这些未来的老师，讲小学语文课程是怎么回事，小学语文教材怎么样，小学语文应该怎么教。当我带着一定的文学阅读和人文阅读的积累，来研究和审视小学语文课程、教材、教法的时候，确实有很多困惑。

学语文，只读一本语文教材够吗？学语文，需要做这么多作业吗？看拼音写词语，组词造句，改错别字，近义词、反义词……这些跟提高语文水平有多大关系呢？没有阅读，孩子们的时间就天天浪费在这些无聊的练习里；没有阅读，老师们的时间就天天浪费在批改这些无聊的作业里。在这样的氛围里，语文教学少、慢、差、费的状况能改变吗？在我最初教学、研究和困惑的过程中，20 世纪末，一场关于语文教育的大讨论发生了，这次讨论也直接引发了国家第八次基础教育改革。

带着这些困惑，我研读了由著名语文教育家洪宗礼先生等人主编的中外母语教材比较研究丛书。这套丛书，尤其是《中外母语教材选粹》《中外母语教材比较研究论集》《外语文教材评介》，在网络尚不发达的当时，为我打开了一扇窗。更多的文学经典、文化原典，专题性学习、新颖而具指导性的阅读练习设计，让我看到了语文课程和教材建设的另一种可能。

　　在这个基础上，我对我国和新加坡的语文课程标准进行了考察，重点梳理了课程标准、教学大纲中对于阅读，尤其是阅读量、阅读内容等论述的沿革，并在 2002 年 10 月的《语文教学通讯·中国小学语文教学论坛》上发表了《华语地区课程标准中关于课外阅读的论述之比较》一文。通过对中外母语教材的研究，对近代以来华语地区语文课程标准关于阅读的论述的研究，以及对很多文化大家成长经历，包括自己成长经历的反思，我其实已经初步确立了自己的语文课程观。我认为，阅读应该是语文学习的核心环节，更是终身学习的基础，自我教育的路径。也就是说，阅读不仅是语文学习，也应该是一切教育的基础。

　　带着自己的研究心得，我去拜访扬州大学著名的语文教育家顾黄初先生。顾先生对我说，要研究和改革当代的语文课程，必须有历史的眼光，他建议我一定要读一读《中国古代教育史》《中国近代教育史》《中国现代语文教育史》。读完这几本书，我更坚定了自己的认识。

　　在我的教学和研究过程中，中国的师范教育体制，经历了由三级师范向二级师范过渡的历史进程。2009 年后，我基本不再在学校任教，专心从事亲近母语的研究、实践和推广。但 20 多年来，在师范体系里学习、阅读和成长的经历，让我对教师教育有很深的热爱，对中国的师范教育的发展有深切的感受，对如何培养高质量的师资有深入的思考。

2001 年，教育部颁布《全日制义务教育语文课程标准（实验稿）》，明确了义务教育阶段学生应该诵读的古诗文，以及课外阅读量。其中，小学阶段应完成 145 万字的阅读量。一、二年级完成 5 万字，三、四年级完成 40 万字，五、六年级完成 100 万字。如何才能完成这些阅读量呢？如何培养出重视儿童阅读，自身具备一定文学素养的阅读老师呢？

2001 年，亲近母语总课题组成立。2003 年，亲近母语机构创立。最初，我们是通过落实新课标提出的课外阅读量这个角度，来进行语文课程的完善和建设。这个时期，互联网开始兴起，通过最初的互联网，我了解了 20 世纪六七十年代，从美国开始，逐渐扩展到西方发达国家的儿童阅读运动。我们逐步将亲近母语定位在通过儿童阅读，而不仅仅是课外阅读，来促进小学语文教学和儿童母语教育。

我们通过亲近母语课题研究和实验，凝聚了一批真正关心童年和教育，理解儿童阅读的意义，具备深厚素养的相关学者，以及一批觉醒的点灯人，倡导更多的小学语文老师，不仅带孩子们学习语文教材，更要做教室里的点灯人，把经典的图画书和儿童文学带给孩子们。

2004 年，亲近母语举办了首届儿童阅读论坛暨亲近母语教育研讨会。2007 年暑期，亲近母语举办了第一期儿童阅读种子教师研习营。2010 年，举办首届儿童母语教育论坛，给在教室里带领孩子们阅读的老师们以平台，展现他们的探索和实践。这些论坛和研习营，完全不同于一般的语文教学研讨会，不只是教学观摩或者赛课，也不是仅仅谈教学技能、教学设计，而是着眼于培育有一定人文底蕴、文学素养，又能懂得儿童、理解教育真意的老师。因此，在论坛立意、内容策划、研习营的课程设计等方面，都充分体现亲近母语的理念，以及对具有儿童阅读素养的阅读师资的价值追求。

随着儿童阅读的推展和深入，儿童阅读对小学语文教学、书香校园建设、师资培养的影响越来越显著。很多教育行政领导、校长跟我交流，他们在做书香校园，或者推进儿童阅读，但严重缺乏好的阅读师资。一些接受了儿童阅读启蒙的老师对我说，他们希望成为一名阅读老师，可是不知道该怎么做，该如何学习和成长。更多的家长朋友说：我希望孩子的语文老师能够告诉我们，我们孩子该读些什么书，最好老师能领着我们的孩子读书。

亲近母语希望能用自己 20 年来的研究、探索和实践，为体制内外的学校培养优秀的儿童阅读教师。

培养什么样的老师呢？我们希望寻找和培养新一代的儿童阅读老师，他们自性光明，他们渴望成为真正的师者、真正的人师，他们愿意和孩子们一起在阅读和学习中共同成长。

在十多年举办儿童阅读论坛、儿童母语教育论坛和线下儿童阅读种子教师研习营的基础上，2020 年 8 月，亲近母语研究院和华南师范大学教师教育学部正式合作，推出了儿童阅读师资能力认证项目。该认证包含初级、中级和高级认证（暂未开放），以专业的儿童阅读理论为基础，围绕儿童阅读师资培养的内在需求，建构了专业而完整的课程和认证体系。

儿童阅读师资能力认证的学习内容体系，分为"道、学、艺、术"四个层面。

道，是帮助老师们通过阅读、学习和实践，来完善自己的儿童观、教育观，激发和培育他们对儿童、对阅读、对教育热忱的爱。

学，主要是提升教师的学养。一个合格的儿童阅读教师，必须具备基本的儿童文学的素养、一定的文学和母语素养、较好的文本欣赏和阐释能力、一定的人文和通识素养等。

艺，主要是提升教师的教学素养。一个合格的儿童阅读教师，必须具备基本的诵读能力、讲述故事的能力、和孩子聊书的能力、策划阅读活动的能力等。

术，要能够具有基本的案例设计、阅读教学的技能，掌握和孩子阅读不同文本的要点，具备在读书会上设计阅读话题的能力，具备培养更多儿童拥有自主阅读能力、习惯的能力和方法等。

华南师范大学教师教育学部王红部长，是我国教师教育、基础教育方面的研究专家，她提出了基础教育教学范式应从"输入为本"到"输出为本"，并把这种教学方式推演到教师教育的领域。在儿童阅读师资能力认证建构过程中，我们借鉴了这种思想，将儿童阅读师资认证的学习过程，设计为"读、学、练、考"四大模块，过程性及结果性评价兼备，帮助老师们实现最大化的学习效果。

读，为老师们推荐专业阅读书籍和童书书单。让老师们通过研读，具备基本的儿童文学素养，和对儿童阅读、文学理论的基本了解。

学，提供系统的儿童阅读指导课程，帮助老师们系统掌握基本理念和实战操作要领，具备基本的专业基础。

练，注重实践性操作，学练结合，让老师们在学习过程中，结合每一个学习专题，进行实战练习。同时为老师们提供社群专业指导，答疑解惑。

考，师资能力认证课程均需通过考核，才能获得认证证书。平时课程学习、练习学分比较重要，考试需要通过客观题、主观题考核，并提交结业案例设计和视频。

初级师资认证课程，需要阅读 4 部专业理论书，40 部经典童书。参加学习的老师，将建立正确的儿童观，具备儿童阅读的基本素养；基本掌握实施儿童阅读的方法和策略；掌握儿童阅读课程教学基本范式，具备设计儿童阅读案例的能力。

中级师资认证课程，需要阅读 6 部理论书籍，60 部经典童书，具备不同文体的欣赏和教学能力。参加学习并通过认证的老师，将建立正确的儿童观、教育观，具备比较扎实的专业素养和准确的文本欣赏能力。他们需要在初级掌握了儿童阅读课程教学基本范式的基础上，重点学习和掌握诗歌、童话、儿童故事、小说、神话传说、散文、非虚构作品等不同文体教学的基本范式，从而提高阅读教学水平，全方位掌握儿童阅读组织、实施和评估的方法，具备打造儿童阅读环境、组织班级读书会、开展阅读活动、评估儿童阅读水平的能力。

这套丛书就是亲近母语和华南师大教师教育学部合作推出的儿童阅读师资能力认证的中级师资认证课程的项目成果。

这套丛书目前已经规划和即将出版的有：

《童话的阅读与教学》，吉忠兰著。这本书从童话起源讲起，梳理了童话的基础理论，提炼了阅读童话的方法，提供了童话教学范式与案例，能够帮助教师更好地阅读童话、进行童话教学。

《散文的阅读与教学》，邵龙霞著。在这本书中，作者从学理和实践双重维度出发，在厘清散文文体特质的基础上，多角度论述了教师应当如何进行散文的阅读与欣赏，继而总结出散文的教学范式与策略，并提供了散文诵读课、散文赏读课、散文写作课等多种课型的教学范例，能够帮助一线教师解决"散文教学教什么""散文怎么教"等重难点问题。

《图画书的阅读和教学》（暂定），刘颖著。作为读者，如何阅读和欣赏图画书；作为教者，如何发现故事主题、确定重点画面、寻找文图关系、设计交流话题等，在这本书中都能找到答案。这本书从认识图画书讲起，而后介绍图画书的教学范式与变式，并提供了详实的案例，能够助力不同年段的教师开展图画书课堂教学的起步与发展。

《非虚构图书的阅读与教学：从阅读到研究性学习》(暂定)，舒凯著。在厘清适合儿童阅读的历史人文书籍和科学书籍的文本特点与阅读方法的基础上，这本书把研究性学习作为阅读这类书籍的重要方式。并且，作者将其在班级所开展的项目式研究性学习案例梳理成可迁移、好操作的教学范式，供教师们借鉴、参考。

还在陆续规划关于儿童故事和儿童小说、诗歌、神话传说和民间故事、科幻小说等文体的图书。

之所以中级师资认证要把不同文体的阅读和教学作为学习和研修的核心，是因为多年来，我们的语文教学缺乏文体意识。无论是诗歌、童话，还是散文、神话传说、儿童小说，都往往被泛化为"课文"来教。语文老师们来教这些文本时，都是从字词句篇的角度，从语文学习的角度来教，而缺乏自觉的文体意识。如果老师们能更多地了解不同文体的特点，就能找到独特的角度，从而带领孩子们走进文本，感受一个个独特的艺术形象，体验情感和艺术特点。让孩子们在一次次的阅读体验中，积累阅读经验，形成阅读能力，得到情感和思想的熏陶。

最初策划和研发这套课程时，关于"不同文体的阅读和教学"，我面临两种选择：一是请大学的儿童文学、文学理论或者课程论老师来讲，二是邀请有一定理论素养的一线老师来讲。我毫不犹豫地选择了后者。这套课程上线后，得到了很好的评价。学习过的老师，都觉得这套课程既有理论性，更有实践性，对他们提高不同文体的阅读欣赏能力、教学能力，有很实际的帮助。写作这套丛书的作者，就是这套课程的研发人、课程老师。

我们 20 年来，一直行走在一起，共同阅读文学和理论，共同探讨阅读课程的设计，共同研究如何更好地上好读书课。他们都是在 20 年的儿童阅读推广中成长起来的点灯人。他们是小学语文教师中的学者，都有很好的理论素养、文学素养，同时又有高度的教育热忱，丰富的儿童阅读实践经验。长期共同推进课题研究，共同成长的经历，又让我们拥有共同的价值取向和儿童观、教育观。阅读他们的书稿时，我发现他们在写作时，在原来认证课程的基础上，理论上有了更充分的阐释，案例更丰富清晰。相信每一位希望学习儿童阅读，提高儿童阅读指导能力的老师，都能从中受益。

1896 年，梁启超先生在《时务报》上发表了一篇著名的文章《论师范》，这是中国近代教育史上第一次专门论述师范教育问题的文章。他说："欲革旧习，兴智学，必以立师范学堂为第一义。""故师范学校立，而群学之基悉定。"他主张设立本国自己的师范学校，培养符合时代要求的教师。今天的儿童阅读走在路上，中国的母语教育更是走在路上，我们的母语教育不可能完全走西方的道路，我们的儿童阅读也不可能完全走西方的道路。我们必将根植于我们的土壤，根植于我们的文化，去建构我们自己的母语教育和儿童教育。这个鸿篇巨制，不可能指望别人去完成，只能由我们共同去创作。而要建立从儿童出发，从我们的文化出发，符合这个时代和未来社会需要的母语教育体系，关键的任务之一便是遵循教育之道，培育真正称得上是点灯人的儿童的阅读老师和母语老师。

我们知道这件事情是艰难的，它可能需要走几十年，甚至更长的时间。儿童阅读师资认证是一个创举。这套丛书是这个创举的一个成果，是有意义的探索中的一个阶段性成果。希望这套丛书能够给老师们的专业成长提供帮助和参考。期待更多的老师经由自己的阅读、学习和实践，走上儿童阅读推广的道路，走进优秀的儿童阅读师资的行列。

　　让我们一起去做这个时代的点灯人，做下一个时代的开启者！

2023 年 8 月

序 一
灿烂龙霞

我不记得到底是从哪一天开始跟龙霞说上话的，想来大概是在 2008 年的 3 月吧。

那年，"亲近母语"在上海师范大学那条叫桂林路的路上做儿童阅读论坛。龙霞是亲近母语课题组的核心成员，一到活动现场，她要么主持，要么上课，肯定在。那时，她总是和筱青、乃红、丁云一起进进出出。丁云是诗人，和我同龄，我们说话时总有一种猫鼠逗乐、相互较劲的快活；龙霞比我们大一岁，清心玉映，大家闺秀。

我见生人总是保持着一段距离。在没有确认对方足够的诚意和有趣之前，往往沉默多于说话，轻易不搭话的。龙霞也许是个例外，我想，哪怕是第一次见面，我也一定跟她说话了。当然，当时的情形我已不记得，这只是我的推想，但这推想是有一些根据的。那次我上的是孙友田的散文《月光启蒙》，据说，课上的无伴奏民歌吟唱，像一阵细雨，洒落人心田，湿润了会场的空气。以我对龙霞的了解，她一定会喜欢，并且很可能诚恳地、热情地对我表达了她的喜欢。

龙霞是江苏高邮人，我羡慕她。高邮是水乡，我也生养在水乡。说起高邮，很多人熟悉的是那里的咸鸭蛋，双黄咸鸭蛋。高邮的咸鸭蛋很好，要不然上海人卖咸鸭蛋时不会特别写上"高邮咸蛋"的字样。作家汪曾祺描述："我们那里的咸鸭蛋确实很好，筷子一扎下去，吱——红油就会冒出来。"

其实，我羡慕龙霞并不仅仅因为她能吃上正宗的红油冒出来的咸鸭蛋。那块土地上，不仅出咸鸭蛋，还出写《鹊桥仙》的秦少游，出写散曲的王西楼——就是那个薄科举、重山水诗画，写"官船来往乱如麻，全仗你抬身价"的王西楼。至于当代作家中的高邮人汪曾祺，喜欢他"人间送小温"的人就更多了。高邮的文脉一直在传承着，从古至今，都有当得起大家的人物。

龙霞就生长在这样的土地上。她是高邮第一小学教育集团的校长。我去过她的学校，上过沈从文的《一个爱惜鼻子的朋友》，也和她工作室的老师们一起聊小学的文学课。小学的女校长常给人一种让人不亲近的严肃感，龙霞却没有这种校长气。每次见到她，她都神采奕奕的，笑容里、笑声里、唇齿间都漾出一丝甜味来。她喜欢穿鲜艳的彩裙，当她的裙裾连同她的才情一起彩霞般地飞舞时，我暗想，她要是扮演七仙女，应该是不用化妆的吧。

龙霞喜欢读散文，也喜欢写散文，是高邮市的文联委员，作品常见于报刊。这次，她的新书《散文的阅读与教学》就源于她的喜欢。龙霞对散文是有感觉的。感觉是一种才能，龙霞的写作靠的就是这种才能。

中国是散文大国，散文的历史悠久。"暮春者，春服既成，冠者五六人，童子六七人，浴乎沂，风乎舞雩，咏而归。"2500多年前记录在《论语》里的这段情形，就是一篇生动活泼的散文。《世说新语》记人事，《水经注》写风景，《容斋随笔》论史谈俗……都很精彩。五四运动以后，散文也很兴旺。周氏兄弟的沉郁与冲淡，各领风骚；旁枝侧叶，也各自精彩。新文学的样式，如新诗、话剧是外来的，小说也受到西方国家很大的影响，唯独散文可以说是"土产"的。我想象不出，新潮写法的散文是什么样子的。我曾经买过人民文学出版社的一套外国散文插图珍藏版丛书，屠格涅夫、卡夫卡、伍尔夫、布封、梭罗、蒙田、茨威格、普里什文……全是世界级的大家，个人的阅读感受，不如读鲁迅、沈从文这些中国作家的作品来得抚慰与润泽——他们作品中对人、对生活、对风景、对饮食、对草木虫鱼、对习俗节令的感受和态度，其中所体现的思维方式、审美情趣和文化印痕，都是中国的样子。

龙霞的这本《散文的阅读与教学》，以"散文的文体特质""散文的阅读与欣赏""散文的教学范式与教学策略""散文的教学案例"四个章节展开。她对统编版小学语文教材各册课文中的散文进行了梳理，我粗略统计了一下，发现低段有18篇，中段有39篇，高段有41篇；除去低段的拼音课、识字课，说教材的选文，散文占了半壁江山，一点儿也不为过。我想，这也是对中国散文及散文学习传统的继承与发扬。作为教师，确实应该重视散文这种文体的阅读、写作与教学研究。

小学生读散文，无非两大门类：一类是专门为儿童创作的儿童散文；一类是不专为儿童所写，但与儿童的精神世界、语言经验可以对接的作品——这类作品是让儿童站在儿童世界的门口向着成人世界张望的。阅读散文，为学生打开的是真实的、笃诚的有"我"的世界，这是与现实对接，并为儿童打开丰富的精神世界与自我的内在景观的一条通道。从这个意义上讲，散文的欣赏与教学，关乎的是生活乃至生命本身。

龙霞的文字清浅，好读，书中的不少观点我非常认同。我始终认为，对作品的阅读与教学，要回到语言本身。闻一多先生很早就提出：语言"不只是一种手段、一种形式，本身即是目的（大意）"。语言和思想、情感是同时存在，不可剥离的。一篇作品的每一句话，都浸着作者的思想感情。要理解一个作品，唯一的途径是语言。

语言本身也是一种文化现象。任何语言的背后都有文化积淀。接受了中国古典文化和民间文化熏染的作家，其作品的语言往往耐读、耐品。鲁迅写《高老夫子》，"女学堂真不知要闹成什么样子。我辈正经人，确乎犯不上酱在一起"；沈从文写一个水手，没有钱不能参加赌博，就"镶"在一边看别人打牌。"酱""镶"都是口语，绍兴人、凤凰人大概平常就这么说，用在作品里就非常有表现力。好的语言，都不是稀奇古怪的语言。能写出平常又独到的语言，源于作家长期的观察、思索和捕捉。

研究语言，要潜下心来，从字句入手，研究字与字的关系，句与句的关系，段与段的关系……好的语言的标准就是准确。伏尔泰说，一句话只有一个最好的说法。韩愈认为，中国语言在准确之外还有一个具体的标准，即"言之短长与声之高下"。"言之短长"，指长句与短句的搭配，是语言的节奏感；"声之高下"，指平仄上去，是抑扬顿挫的音韵感。语言的音乐美，莫过于此。所以，龙霞提出的散文诵读课、散文赏读课、散文写作课都是站在门内的行话。

我还特别关注了龙霞教学案例中的教材外的选文，桂文亚、郭风、林良、列那尔……这些作家出现在课堂里，本身就是一种态度。私以为，把优秀的、适宜的散文放到学生的面前，即便没有精美的教学设计，让学生出声地读一读，记一记，背一背，要是能再聊一聊，就很好了。大道至简，散文的阅读与教学，没有那么玄妙。

龙霞在繁重的工作之余写出了这本书。我可以想象，很多个夜晚，她像蜘蛛结网一样，从心里抽出丝来——据说这种蛛丝，比同等粗细的钢丝还要结实。这是来自内部的力量，只有像蜘蛛那样沉静的时候，这种力量才会显现出来，散文给了龙霞这样的沉静。这本书为大家打开了一扇通往散文欣赏与教学天地的窗口。而这块天地，需要更多的一线教师去耕耘。

我希望加入到这样的行列中去。

我渴望再年轻一次，如龙霞一样，永远热情，永远灿烂。

张学青

2023 年 6 月 1 日

序 二
美若繁花

　　小学毕业已整十年了。适逢邵老师新作《散文的阅读与教学》完稿，邀请我以学生的身份写一篇序。除却欣喜，心底反生出一丝惶惑，唯恐涂鸦之作忝列其中，不值一哂。暂借鲁迅先生散文集《朝花夕拾》之意，将那些童年记忆中美若繁花的碎片一一拾取补缀，借此感念邵老师小学六年难以忘怀的师恩。

　　散文常以一二字词贯穿全篇，称作"文眼"；若将邵老师比作散文，文眼必是"美"字。邵老师人美，爱系丝巾，爱穿花裙子；平时拍照总爱扶花傍柳，景美，人更美。邵老师内涵也美，她常说，若有一日不与书本作伴，便觉自己面目不够清雅了。邵老师言辞温婉，讲课娓娓道来，只要上邵老师的课，我们就好像进入了一个新奇的世界，常常会忘记下课的时间。我曾和朋友们谈论所敬佩师长的特点，一是才学之盛使人钦佩，二是人格之高令人敬重。邵老师无论是才学，还是人格，都令我敬服。

　　忆及邵老师六年的谆谆教诲，为首二字便是"读书"。邵老师爱书，更爱学生读书。她常为我们推荐精心挑选的书籍，约定数周读完，如此下来，一学期便可以读完数本佳作，班级内读书的习惯也蔚然成风。至于优美凝练的诗歌或散文，邵老师则参与编写《日有所诵》，嘱咐学生熟读成诵，内化于心。邵老师还倡导学生从小读经典、原典，只读改写本就像是"吃别人啃剩下的骨头"。在邵老师的指导下，即使是四大名著这些对小学生略显生涩的原本，班上大多数同学也能啃完。她与一帮同样爱书、爱语文、爱学生的老师们一起，加入了亲近母语课题组。课题组特地编写的一套包含导读和注释的四大名著原本，至今还在我的书架上，令我受益匪浅。

邵老师出书讲散文教学，更是令我欣喜。散文是最自由的文体，心之所至皆成笔底波澜。唐宋八大家是写散文的，他们最痛恨骈文的条条框框、铺陈词藻却言之无物，提出"文以载道"的口号。小学的语文教育是清澈的、纯粹的，还没有受到太多应试取向的干扰。在小学时期注重散文教学，就是让孩子们有一个最初步的判断力，了解什么样的文字是真正触动人心的，什么样的文字是温暖而有力的，什么样的文字是在含蓄中一步步通向永恒的。我常常觉得自己受到的中学语文教育是失败的——我突然不会写作了，费尽心思挤出的文字不再让我感到快乐，我仿佛只是一台在规训中产生文字的机器，这些文字不属于我。每到这时，我总会想起小学的那段时光，想起邵老师带给我们的那段快乐而自由的写作时光。

柏拉图在《理想国》中写到"洞穴隐喻"，认为人本身是困在洞穴中的囚徒，将火光和影像当作实体和真理；而哲学家的天职就是带领人们走出洞穴，看到阳光下真实的世界，从而获得灵魂的上升和转向，培养对知识和真理的热爱。我相信，邵老师带着孩子们读散文的过程，就是领着孩子们走出懵懂洞穴的过程。一路上，孩子们会流连于大地上的事情，多识于鸟兽草木之名；会感喟于叙事中的悲欢离合，究天人之际而通古今之变；会沉醉于如群星般闪耀的哲思，体会人作为一棵会思想的芦苇的理性光辉。也许他们并不能完全领会其中的深意，但这一篇篇精美的文字会在他们心中播下一颗颗种子，默默蓄力，悄悄生根，缓缓发芽……

犹记小学的校刊名为《繁花》，取自汪曾祺的一幅画中的文字："故园有金银花一株，自我记事从不开花，小时不知此为何种植物。一年夏，忽闻繁花无数……"我相信，邵老师带领孩子们阅读的这一篇篇散文，终有一天会在孩子们的心中开出满园春色；邵老师教过的一群群孩子们，也定会绽放出自己最美好的模样。

十年了，回忆少时，感慨良多，不免语无伦次。谨以此文献给敬爱的邵老师，如同文题一般，美若繁花。

苏泺健

2023 年 6 月于燕园

目 录

第一章
散文的文体特质

　　散文是中小学阅读教学的主导文类。散文的阅读与教学，在义务教育阶段的教学中占据着非常重要的位置。了解散文的沿革、概念、类型与特点等，是读好散文、教好散文的前提。

　　中国是散文大国。在中国文学的发展史中，散文可谓源远流长。散文的源头究竟在哪里？我们不妨回首眺望，以便看清"散文"在历史文化长河中的走势、格局，以及它初始的样貌。

　　从先秦诸子到两汉史传，再到之后的"唐宋八大家"、清代的"桐城派"等，书、记、碑、铭、论、序等都是以散文的形式出现的。但散文概念的提出却远远晚于这一文体产生的时间。

　　翻阅相关史料，可以发现，直到 20 世纪初，在反对旧文学提倡新文学的五四新文化运动期间，西方近代文艺理论被大量引进后，散文的概念才得到了现代化的确定。1917 年，刘半农提出"文字的散文""文学的散文"。1921 年，周作人写了一篇《美文》，提出了"美文"的概念，文章虽短，却是研究散文相对权威的资料。在周作人提出"美文"概念后，林语堂又提出包括"幽默""闲适"和"性灵"三大艺术特点的小品文理论。

　　到 20 世纪五六十年代，杨朔提出以"诗"的方式从事散文创作，于是诗化散文开始大行其道。1963 年，我国台湾地区的余光中先生写了《剪掉散文的辫子》，倡导"讲究弹性、密度和质料的一种新散文"，即"现代散文"。20 世纪 90 年代，散文迎来了空前的兴盛，更多的散文作家有了"自我"的觉醒，不再拘囿于"文以载道"，在一定程度上推动了散文的蜕变和更新。

由于散文的篇幅短小、精巧，再加上散文比较"擅长"体现主流价值观，在以往的小学语文课本中，散文所占的比重特别高，有的版本竟达到 60% 左右。现行的统编版小学语文教材编写者，已经开始有意识地注重诗歌、散文、小说等多种文体的阅读。但我们通过对统编版小学语文教材进行梳理，发现一年级至六年级共编选了近百篇散文，占比近 50%。所以，散文的教学在语文教学中仍具有举足轻重的地位。

·第一节·散文的概念：说说"散文"这一名字·

什么是散文？

我们首先从字面来理解。散文，顾名思义，是"没有约束的文字"。我想，"散文"的"散"，是针对刻意雕琢来说的。散文的"散"不是一盘散沙，不是不着边际，而是一种潇洒自然、行云流水。好的散文一定是看似稀松平常、漫不经心，实则意蕴深远、姿态万千。

但真正要给"散文"下定义并不是一件容易的事情。有人说，"散文"是最难界定的，或者说，它是最自由的——任何想扼杀它的"自由"的想法，都会对散文造成伤害。

古往今来，"散文"这一文体概念有多层含义：一是与韵文相对的广义的散文；二是与虚构文学如小说、童话等相对应的散文，包括报告文学、传记、回忆录、狭义的散文等；三是最狭义的散文，至于将它的范围限制到什么程度，学界有不同的看法，一般情况下，特指文学性的散文。

华南师范大学陈剑晖教授在《诗性想象：百年散文理论体系与文化话语建构》中给"散文"作了这样的定义：

散文是一种融记叙、抒情、议论为一体，集多种文学形式于一炉的文学样式。它以广阔的取材、多样的形式、自由自在的散体文句，以及优美和富于形象性、情感性、想象性和趣味性的表述，诗性地再现了人的个体生存状态和心灵状态。它是人类精神的一种实现方式。

陈剑晖教授的表述符合"散文"的内在规定性。首先，我们要承认"散文"是一种文学形式；其次，我们要了解"散文"具有自由、开放的精神；最后，我们要认识到"散文"必须具备一定的"文学性"，它是人的个体生存状态和心灵状态的展现，是作者的心灵和语言的一种探险。

我仔细阅读了统编版小学语文教材中的散文，以及一些比较好的阅读文本，如《新母语》《新编语文全阅读》《小学生散文读本》等，发现入选的散文，既包括直接面向儿童创作的，也包括其他儿童读得懂，可以接受的、优质的散文。

·第二节·散文的类型：聚焦散文的内容·

散文，很难定义，同样，散文的分类也是众说纷纭。自 20 世纪 80 年代末以来，散文界如雨后春笋般地冒出种种概念，如"大散文""纯散文""复调散文""文化散文""生命散文"等，从不同的维度、角度分出各种各样的散文。有以作者身份划分的"学者散文""小女子散文"等，有以表达对象划分的"山水散文""历史散文""政治散文"等，也有以表达效果划分的"讽刺散文""幽默散文"等。比较流行的且得到广泛认可的是"三分法"，即将散文分为抒情散文、叙事散文和议论散文。"三分法"的分类标准相对统一，都是从表达方式角度出发的，也比较贴近散文的文体特点。但是，这些分类方法也有考虑不全、交叉等缺陷，如"三分法"只考虑到叙事、抒情和议论，对于"描写"和"说明"没有兼顾到。另外，一篇好的散文，抒情、叙事和议论往往融为一体，很难截然分开。

陈剑晖教授把散文分为五大类：性灵散文、絮语散文、智性散文、纪实散文和说明散文。性灵散文重主观情感的展示；絮语散文提倡"闲话聊天"式的笔调；智性散文凸显情与智的交融；纪实散文关注写实，包括人物专访、人物自传等；说明散文主要是说明事物和介绍知识。当然，这里面也有交叉重叠的现象。

我梳理了现行统编版小学语文教材中的散文篇目后（见下表），从内容角度出发，将这些为儿童创作或者适合儿童阅读的散文进行了分类，主要分为五类。

年 级	册	篇 名	作 者	译 者
一年级	上册	《秋天》		
		《大还是小》	龚艺兵	
		《项链》	夏辇生	
	下册	《我多想去看看》	王宝柱	
		《四个太阳》	夏辇生	
		《端午粽》	屠再华	
		《彩虹》	韦其麟	
		《荷叶圆圆》	胡木仁	

年 级	册	篇 名	作 者	译 者
二年级	上册	《黄山奇石》		
		《日月潭》	吴壮达	
		《葡萄沟》	权宽浮	
	下册	《找春天》	经绍珍	
		《千人糕》	沈百英	
		《一匹出色的马》	陈伯吹	
		《枫树上的喜鹊》	郭风	
		《沙滩上的童话》	金波	
		《画杨桃》	岑桑	
		《雷雨》		
三年级	上册	《大青树下的小学》	吴然	
		《花的学校》	泰戈尔	郑振铎
		《铺满金色巴掌的水泥道》	张秋生	
		《秋天的雨》	陶金鸿	
		《搭船的鸟》	郭风	
		《金色的草地》	普里什文	茹香雪
		《富饶的西沙群岛》		
		《海滨小城》	林遐	
		《美丽的小兴安岭》		
		《大自然的声音》		
		《读不完的大书》	朱维之	
		《父亲、树林和鸟》	牛汉	
		《灰雀》	阿列克谢耶夫	李声权
	下册	《荷花》	叶圣陶	
		《昆虫备忘录》	汪曾祺	
		《小虾》	菁莽	
		《宇宙的另一边》	陈诗哥	

年 级	册	篇 名	作 者	译 者
三年级	下册	《肥皂泡》	冰心	
		《我们奇妙的世界》	彼得·西摩	马丽
		《火烧云》	萧红	
四年级	上册	《观潮》	赵宗成、朱明元	
		《走月亮》	吴然	
		《繁星》	巴金	
		《蝴蝶的家》	燕志俊	
		《爬山虎的脚》	叶圣陶	
		《麻雀》	屠格涅夫	巴金
		《爬天都峰》	黄亦波	
		《牛和鹅》	任大霖	
		《一只窝囊的大老虎》	叶至善	
		《陀螺》	高洪波	
	下册	《天窗》	茅盾	
		《三月桃花水》	刘湛秋	
		《猫》	老舍	
		《母鸡》	老舍	
		《白鹅》	丰子恺	
		《海上日出》	巴金	
		《记金华的双龙洞》	叶圣陶	
		《我们家的男子汉》	王安忆	
		《挑山工》	冯骥才	
五年级	上册	《白鹭》	郭沫若	
		《落花生》	许地山	
		《桂花雨》	琦君	
		《珍珠鸟》	冯骥才	

年　级	册	篇　名	作　者	译　者
五年级	上册	《搭石》	刘章	
		《少年中国说（节选）》	梁启超	
		《圆明园的毁灭》	王英琦	
		《慈母情深》	梁晓声	
		《父爱之舟》	吴冠中	
		《"精彩极了"和"糟糕透了"》	巴德·舒尔伯格	唐若水
		《四季之美》	清少纳言	卞立强
		《鸟的天堂》	巴金	
		《月迹》	贾平凹	
		《忆读书》	冰心	
		《我的"长生果"》	叶文玲	
	下册	《祖父的园子》	萧红	
		《月是故乡明》	季羡林	
		《梅花魂》	陈慧瑛	
		《威尼斯的小艇》	马克·吐温	刘正训
		《牧场之国》	卡雷尔·恰佩克	万世荣
		《金字塔夕照》	穆青	
		《手指》	丰子恺	
		《童年的发现》	费奥多罗夫	谷羽
六年级	上册	《草原》	老舍	
		《丁香结》	宗璞	
		《花之歌》	纪伯伦	仲跻昆
		《灯光》	王愿坚	
		《竹节人》	范锡林	
		《夏天里的成长》	梁容若	

年　级	册	篇　名	作　者	译者
六年级	上册	《盼》	铁凝	
		《青山不老》	梁衡	
		《京剧趣谈》	徐城北	
		《好的故事》	鲁迅	
		《我的伯父鲁迅先生》	周晔	
	下册	《北京的春节》	老舍	
		《腊八粥》	沈从文	
		《藏戏》	马晨明	
		《匆匆》	朱自清	
		《那个星期天》	史铁生	
		《十六年前的回忆》	李星华	
		《表里的生物》	冯至	

（1）描写大自然的散文。描写大自然的，包括描写动植物的篇章很多。这些文章，不一定专门是为儿童创作的，但如果文字能够被儿童所理解，就可以让儿童阅读。如萧红的《火烧云》、巴金的《海上日出》、列那尔《自然纪事》中的动物小品文等，让儿童多读这类散文，能帮助儿童认识自然、亲近自然，促进儿童精神的健康成长。

（2）直接描写儿童生活的散文。作者以儿童的生活为书写对象，表现儿童的天真、活泼、调皮等，反映童年生活中的各种滋味。这类散文，主人公往往就是儿童，故而充满趣味，如王安忆的《我们家的男子汉》、任大霖的《我的朋友容容》等。

（3）描写旅行见闻的散文。描写旅行见闻的散文，又被称为"游记"。这类散文主要描写游览之地的自然景观、风土人情以及奇闻轶事等，如叶圣陶的《记金华的双龙洞》、巴金的《海上日出》等。

（4）作家回忆童年往事的散文。在散文中，这类作品的数量较多，品质也相对比较高。作家经历了人生的风雨，回望童年往事，他（她）所积累的人生经验、体悟的人生智慧，都会对他（她）笔下的文字产生或多或少的影响，如高洪波的《陀螺》、范锡林的《竹节人》等。

（5）作家描写当时现实生活的散文。这类散文，虽然描写的不是儿童生活，但是适合儿童阅读。作家往往借助描写他所处的时代，描绘当时现实生活中的人、事、物等，表达自己的情感、品味及人生感悟。儿童阅读这类散文，能借助成人的眼光打量世界，激发思考，如朱自清的一些散文、周作人的一些生活小品文等。

·第三节· 散文的特点：真诚与自由·

说到散文的特点，大家必然能想到"形散而神不散"。那么，什么是散文的"形"？"形"是指散文的结构布局、表达方式。什么是散文的"神"？我觉得应该是散文传达的精神或神韵。"形散而神不散"能概括散文的特点吗？我们能发现，无论是古代的《秋声赋》《兰亭集序》，还是现代的《背影》《从百草园到三味书屋》，其形、其神都不散。下面是几位散文大家对散文特点的说明：

在一切文体之中，散文是最亲切、最平实、最透明的言谈，不像诗可以破空而来，绝尘而去，也不像小说可以戴上人物的假面具，事件的隐身衣。散文家理当维持与读者对话的形态，所以其人品尽在文中，伪装不得。

——余光中《散文的知性与感性》

散文是没有一定格式的，是最自由的，同时也是最不容易处置。因为一个人的人格思想，在散文里绝无隐饰的可能，提起笔来便把作者的整个的性格纤毫毕现地表示出来。

——梁实秋《论散文》

散文是读者的邻居。

——张爱玲

生活的主流在瞬息百变着。散文作为最直接的一种文学品类，应更有力地介入当下生活，发出自己的声音，并把自己置于无法逃避的境地。

——穆涛《让散文试着去直视》

这几位散文大家不约而同地都提到了散文的两大最本质的特点：自由与真诚。

所谓"自由"，包括"写什么"是自由的，即题材是广泛的，大到宇宙人间，小到一棵草、一只虫，皆可成为写作的对象；"怎样写"也是自由的。散文，被称为"文学的散步"，每一个作者都可以拥有自己的表达方式。

所谓"真诚"，是说散文是一种真实的记叙。有人说散文姓"散"（散行成体），名"文"（文学），字"自我"，因此散文贵在"有我"，有作者真实的情感。朱自强教授认为：小说，是写"他"的艺术，散文，是写"我"的艺术。比如，叶圣陶的《荷花》是"我"眼中的荷花，朱自清的《荷塘月色》是"我"眼中的荷塘，普里什文的《金色的草地》是"我"看到的蒲公英。小说是企图再现人生。再现，意味着维持时空的连续性和一致性，有相对完整的故事。而散文反映的往往是一定生活中的某些时空、情绪或思考的片段过程。

1935年，郁达夫在《中国新文学大系·散文二集》的导言中指出：

现代的散文最大特征，是每一个作家的每一篇散文里所表现的个性；第二个特征，是它的范围的扩大（一切万有，无一不可以取来作题材）；第三个特征，是人性、社会性以及与大自然的调和；第四个特征，是散文的幽默。

郁达夫的这段话对我们研究、了解散文的特点很有帮助。我结合散文的"真诚与自由"，再通过阅读大量专门为儿童创作的散文以及适合儿童阅读的散文，梳理出散文具有以下几大特点：

（1）个人的真实体验。优质的散文，其作者的眼睛、耳朵都是打开的，他（她）一定仔细凝望过所描绘的对象，其笔下的字字句句都是亲身的经历、体验与感悟。如普里什文的《大自然的日历》中的散文，作者写了50多年的大自然观察日记，里面的文字都是他深情凝望大自然的杰作。

（2）个人的真实情感。有人说，真诚是散文的公德。就如张爱玲所说，散文是读者的邻居，好的散文，就像跟邻居聊天，说说日常生活中的事情、情感，说一些掏心窝子的话，那么亲切，那么自然。如叶至善的《一只窝囊的大老虎》，就像是在跟一位要好的朋友讲述自己的一件童年趣事。

（3）个人的言说方式。散文最讲究个人的言说方式，但是提倡个人的言说方式并不是放任自流。散文的言说方式有其内在的规定性。它与水相似，其形看似随意，但又有所限制。如汪曾祺的《端午的鸭蛋》，从端午的习俗，写到高邮的咸鸭蛋，再写到端午的鸭蛋，看似随意，却是作者在用一种闲适自由的言说，表达对童年生活的怀念以及对家乡的赞美。

（4）个人的智慧警觉。什么样的文字是好文字？一是清楚、明白、通畅；二是有力量，能打动人，能感染人；三是给人一种美感或给人以智慧的启迪。好的散文，是情发于心，而意通智慧。优质的散文，一定能带给儿童思想的启迪，为他们形成人生的智慧增添力量。如刘亮程的《走向虫子》，他对虫子的描写细致生动，但并不是为了抒发个人的情感，而是要留给读者智慧的思考。虫子的旁若无人与人的自以为是，形成了一种对比，能引发读者从不同的角度思考问题。

第二章
散文的阅读与欣赏

　　散文篇幅短小，表达自由，情感真挚。带着儿童阅读散文，能够帮助儿童打开更辽阔的经验世界，学习更多元的表达方式，养护儿童更为真诚的精神世界。作为一名教师，我们可以从一般读者视角、儿童视角、教师视角等角度来阅读散文，读出自己的感受，发现儿童的兴趣点和困惑点，挖掘出散文的教学价值。另外，我们还可以采取互动阅读、拓展阅读、探究性阅读等方式阅读和欣赏散文，通过各种方式来丰富对散文的理解。

·第一节·儿童阅读散文的意义·

　　散文具有明显的个性特征，能表达真实的情感。引导儿童阅读他们读得懂且值得他们阅读的散文，能够丰富儿童的人生经验、学习作者的表达方式、获取精神的滋养与智慧的启迪。

一、打开更辽阔的经验空间

散文的天地比任何一种文体都要广阔、自由，它的写作对象很广泛，大到宇宙人间，小到一棵草、一只虫。学者钱穆说：散文之所以被重视，是因为它最容易表现人生。比如，老舍的《北京的春节》以时间为序，展现了一幅幅北京人过传统节日的风俗图，让儿童能够真切地感受到"十里不同风，百里不同俗"；许地山的《落花生》则借助不起眼的、极为平凡的"花生"，借物喻人，引导儿童从小小的花生身上学到做人的道理。阅读散文，可以帮助儿童打开更辽阔的经验空间，丰富儿童的人生经验。

二、学习更多元的表达方式

散文不光内容丰富多彩，形式也别具一格。它通常借助一些细小的东西，折射更深邃的世界。一件小事、一个物件，甚至一种声音、一个动作，都可以写成文章。我以为，理想的散文是"在一粒沙子里能看见一个世界"，如朱自清的《背影》中父亲在站台上的微小动作，却让读者感受到了强大的情感力量。

一些经典的散文篇章，或叙事，或抒情，或议论，别致生动的表达方式值得儿童反复体味。比如，刘亮程的散文《对一朵花微笑》中说："我一回头，身后的草全开花了，一大片。好像谁说了一个笑话，把一滩草惹笑了。"这么有趣的句子，会让孩子会心一笑。原来形容一朵花的开放，除了说"花儿绽开了笑脸"，除了说"花儿穿上了五颜六色的衣裳"，还可以如此形容。带着孩子阅读这类富有语言趣味、具备文学感觉的散文，有助于培养他们的语言与表达能力。

三、养护更真诚的精神世界

散文最大的特点就是"真诚"——作者在文字里真诚地再现生活，表达自己的情感。好的散文，不雕琢，不做作，如清泉自然流淌，能给人以精神滋养，带来美感的享受。经常阅读这样的文章，触摸作者真实的想法与思考，有助于养护儿童更为真诚的生活态度以及更为真诚的精神世界。

·第二节·教师如何进行散文的阅读和欣赏·

王荣生教授在《中小学散文教学的问题及对策》一文中提及：通常意义的"散文"，具有两栖性，它既具有文章的特性，又体现着文学的特性，而当前的散文教学，似乎被散文的两栖性深深困扰，犯"走到课文之外""走到作者之外"的错误。要解决散文教学中普遍存在的"教学内容"问题，关键是有合理的文本解读。基于对散文特点的认识，我将从阅读视角、阅读的关注点、阅读方式等角度分享如何进行散文的阅读和欣赏。

一、从阅读视角出发

从阅读视角出发，我们要经历三个层面：一是从一般读者的视角阅读出发，二是从儿童的视角阅读出发，三是从教师的视角阅读出发。

作为一般读者，切忌人云亦云。读文章前切忌光上网去查询，或者去看别人对这篇文章是怎样的态度与解读。作为一般读者，我们要老老实实、原原本本地去阅读文章，读出自己的感受、发现与见解。

在一般读者阅读的基础上，作为教师，我们要从儿童的视角来读散文。虽说散文具有短小精悍、表达自由、贴近儿童的特点，但有些散文，尤其是写景状物类散文，如果作者描写的事物是儿童所不熟悉的，再加上没有什么情节，会跟儿童产生一种隔阂。所以，我们要从儿童视角出发，思考儿童的兴趣点在哪里、困惑点是什么。

经历了一般读者视角的阅读、儿童视角的阅读，作为教师，我们还要能够从一个教师的视角来阅读。我们要读编者的意图，编者把这篇散文编进教材的目的是什么；我们要读本单元的语文要素，这篇散文所处的单元，其训练的重点是什么；我们要读这篇散文的语言，其最大的语言特色是什么；我们还要读散文的表达方式，即其最独特的表达形式是什么。总之，我们要从教师的视角出发，读出这篇散文的教学价值。

二、从阅读的关注点出发

阅读散文的关注点，与阅读其他文体的关注点不一样。阅读小说时，我们更关注情节，关注矛盾冲突；阅读寓言，我们更关注小故事里的大道理；阅读童话，我们更关注丰富的想象以及个性鲜明的人物。那么，阅读散文，我们应该关注什么呢？依据我多年阅读和写作散文的经验，我建议在阅读散文时，应该关注下面几点。

1. 读出趣味，了解作者的描写对象

著名儿童文学作家、诗人金波在《阅读散文的趣味》中列出了这样一些比喻：诗是跳舞，散文是走步；诗是饮酒，散文是喝水；诗是唱歌，散文是说话；诗是独白，散文是交谈；诗是窗子，散文是房门。的确，散文其实是离我们特别近的一种文体，它短小、亲切、真诚，散文的描写对象一般都是生活中的人物、事情、自然景物等，但这些平平常常的素材，一

且经散文的笔墨点染，就会发生神奇的变化，充满情趣。

周作人说："我很看重趣味，以为这是美也是善，而没趣味乃是一件大坏事。"优质的散文作品中，处处充满趣味。阅读散文，在整体把握描写对象的基础上，我们要读出其中的各种趣味——童趣、雅趣、情趣、理趣等。

比如，范锡林的散文中有童趣，他在《竹节人》中写，孩子们上课玩竹节人，被老师发现，人被罚站，竹节人也被没收了。他们站在办公室的窗户下，看到了这样一幕：

只见老师在他自己的办公桌上，玩着刚才收去的那竹节人。双手在抽屉里扯着线，嘴里念念有词，全神贯注，忘乎所以，一点儿也没注意到我们在偷看。

这样的文字，带着儿童的眼光，充满了童真和童趣。

再如，周作人散文中有雅趣，他在《喝茶》中有这样一段描写：

喝茶当于瓦屋纸窗之下，清泉绿茶，用素雅的陶瓷茶具，同二三人共饮，得半日之闲，可抵十年的尘梦。

瓦屋纸窗、清泉绿茶、素雅的茶具，再加上二三人共饮，雅趣十足，诗意盎然。

2. 品味语言，揣摩作者的表达方式

每一个人就是一篇散文。"风格即人"这一观点特别契合散文，如鲁迅的冷峻、梁实秋的淡定、汪曾祺的朴实淡雅。

汪曾祺文章中的句子很有特点，他善用短句子，每一句话看起来都很普通，很家常，可是组合在一起就很有味道。他的语言可谓"淡而有味"，

简简单单，其至口语化，但却颇有韵味和意境。比如，他写家乡的晚饭花，以及对待晚饭花的态度与感情：

看到晚饭花，我就觉得一天的酷暑过去了，凉意暗暗地从草丛里生了出来，身上的痱子也不痒了，很舒服；有时也会想到又过了一天，小小年纪，也感到一点惆怅，很淡很淡的惆怅。而且觉得有点寂寞，白菊花茶一样的寂寞。

——汪曾祺《晚饭花集》

作者用白描的手法，刻画自己看到晚饭花的心情，平平常常的文字，却极为传神，深入人心。在汪曾祺的笔下，你会经常看到短小的句子，三五个字就是一句话，充满张力，富有节奏感。

再如，余光中心中的散文"讲究弹性、密度和质感"，他的散文追求一种"步步莲花，字字珠玉"的效果。

他在《听听那冷雨》中有这样一段描写：

鸟声减了啾啾，蛙声沉了咯咯，秋天的虫吟也减了唧唧……要听鸡叫，只有去《诗经》的韵里寻找。

作者连用几组叠词，传达出一种声音的美，声情并茂，相当精致。

而张爱玲的文字，多是从人间烟火中去探寻实际的人生。比如，她在《公寓生活记趣》中是这样写电车回厂的：

一辆衔接一辆，像排了队的小孩，嘈杂，叫嚣，愉快地打着哑嗓子的铃："克林，克赖，克赖，克赖！"吵闹之中又带着一点由疲乏而生的驯服，是快上床的孩子，等着母亲来刷洗他们。

张爱玲的语言充满了烟火气息，她的比喻奇妙而妥帖，让人能一下子看到俗世里的种种场景。

阅读散文，就是要体味其语言的特色，咀嚼语言里的意味，揣摩作者独特的表达方式。

3. 体悟情感，分享作者的独特经验

古人说，言为心声。散文最能表达作者的心声，我们要能读懂这颗散文的"心"。就像梁实秋在《论散文》中所说的："一切的散文都是一种翻译。把我们脑筋里的思想、情绪、想象译成语言文字。"那么，我们就要透过文字，读懂作者的情感。好的散文，往往字里行间都有真情，它描绘的一切来自于尘世，能走到人的心里去，让读者产生共鸣，感受到文气和美感。

另外，散文中的所见、所闻、所感一定是作者独特的所见、所闻、所感。我们阅读散文，除了与作者产生情感上的共鸣，还要能够与作者分享他（她）看到的人、事、物，分享他（她）的经历与经验，分享他（她）的发现与思考。通过阅读散文，读者要能够打破自己的界限，打开自己的视野，丰富对他人、对自然、对世界的体察、认识和理解。

三、从阅读方式出发

1. 互动阅读

所谓"互动阅读"，一是融入自己的生活经验、情感认知，让自己的经验、情感等与阅读的散文进行互动，让文字与生活、读者与作者进行互动，此时，读者触摸的不仅仅是文字，而是文字背后的那个人，能感受他眼中的景、他眼中的物、他心中的情。二是读完一篇文章后，要与身边的朋友进行互动、分享，把自己的发现、感受跟其他人进行交流，同时也

倾听他人的想法，那么，你的阅读感悟也将因为彼此的激发而更加深刻、丰富。

2. 拓展阅读

所谓"拓展阅读"，有三种方式：一是拓展相同主题的文章，如读了《慈母情深》，拓展阅读跟母爱有关的其他散文，从不同角度感受母爱；二是拓展相同表达方式的文章，如读了《记金华的双龙洞》，拓展阅读类似的按照游览顺序描写的游记，从中习得表达的技巧；三是拓展阅读同一作家的其他散文，如读完《金色的草地》，拓展阅读普里什文的其他描写花草的文章，并把这几篇文章放在一起进行比较阅读，找出异同，在比较中发现作者独特的表达，感受他对自然界一草一木的关切。

3. 探究性阅读

所谓"探究性阅读"，是为研究某个话题或解决某个问题而进行的一系列阅读。比如，我们想研究一个作家与童年生活过的那块土地的联系，就可以进行探究性阅读。阅读作家汪曾祺写家乡的一系列文章，经过探究式阅读可以发现：汪曾祺的文字里处处有"水乡"特色，淡雅如水墨画。由此可见，童年生活过的地方，是一个作家写作的根据地，他精神的根须深扎在这里。再如，我们想探究什么是美、什么是丑，就可以阅读一系列相关散文，进行整合、对比、辨析、联结，最终得出自己对美与丑的认识。

当然，阅读散文，有时候也不需要那么多的技巧，你只需要安静地阅读，阅读，再阅读，通过一遍又一遍地阅读，来感受它、贴近它、享受它，慢慢地，也就能理解散文的那颗"心"。因为，散文是作者独特心情的自然流露，读者唯有敞开心扉来打量它、接近它，才能实现心与心的碰撞，情与情的交流。

第三章
散文的教学范式与教学策略

　　散文阅读教学在语文教学中占据了大部分课时，但教好散文不是一件容易的事情。很多教师在教散文时，往往忽略了散文最本质的特点，没有把散文当作散文来教，只是按部就班，顺着认识生字新词、通读全文、串讲课文的流程进行，教学方法陈旧老套，没有抓住散文的特点展开课堂互动对话。教好散文，离不开两大方面：一是散文教学教什么；二是散文教学怎么教。

·第一节·散文教学教什么：确定适宜的教学内容·

　　王荣生教授在《中小学散文教学的问题和对策》一文中提到："散文阅读教学，要建立学生与'这一篇'课文的链接"，要让学生"理解、感受'这一篇'所传递的作者的认知、情感""理解、感受'这一篇'中与独特认知、情感融于一体的语句章法、语文知识"。所以，说到散文教学，第一步就应该解决散文教学教什么的问题，也就是要在研读文本的基础上，确定适宜的教学内容。

散文题材广泛，每篇散文的背后都站着一个真诚的作者，作者的心思、想法等都隐藏在一字一句里。好的散文不仅会营造一个有意味的情感世界，还会给读者打开一个优雅的语言世界。基于散文的特点，我们在充分细读的基础上，要深入了解所教的"这一篇"散文的独有的味道，准确判断"这一篇"散文的教学价值，再结合学生的经验、认知及心理等特点，选择适宜的教学内容。一般情况下，散文的教学内容主要围绕下面几项内容展开：

（1）经验的积累。此处的"经验积累"，是指向对"这一篇"散文的整体把握，了解文章主要写了什么，作者借助文字向我们展示了怎样的人、事、景、物等，让学生借助阅读"这一篇"散文打开视野、积累经验、丰富见闻。

（2）语言的品析。有人说，散文是语言的艺术。散文跟小说相比，它的语言离诗更近。散文的语言，适合学生涵泳、品析，以便从小培养他们敏锐而美好的语言感觉。

（3）情感的体味。比起小说，散文更是一种真实的记叙。散文贵在"有我"，有作者的情感在里面。王荣生教授表示："阅读散文不仅仅是为了知道作者所写的人、事、景、物，而是通过这些所写的人、事、景、物触摸写散文的那个人，触摸作者的心眼、心肠、心境、心灵、心怀，触摸作者的情思，体认作者对社会、人生的思量和感悟。"所以，在散文教学中，教师不能忽视对作者情感的体味，要触摸作者所要表达的情感。

（4）表达的揣摩。散文的表达如行云流水，看似无形，实则有自己的行文线索：有的以时间为序，有的用地点转换，有的以心情变化串联……在散文的阅读教学中，教师要能够引导学生梳理出这样的一条线索，循着作者的写作地图，获取发现的乐趣，从中体会作者"排兵布阵"的秘妙，习得表达的技巧。

当然，这几方面的内容，在一节课中不一定都涉及，可以根据文本的特点有所选择、有所侧重。散文教学的高明之处，不在于涉及的"多"，而在于向深处挖掘，就像挖一口井，直到挖出清澈的水来。这才是最让人向往的散文教学的境界。

·第二节·散文怎么教：散文的教学范式与教学策略·

一、散文的教学范式

根据散文的特点以及对散文教学内容的分析，加上 30 多年的教学实践，我尝试从灵性多元的散文教学中梳理出一条比较清晰的线索。我发现，散文的教学范式，基本是沿着这样一条线索前行、深入的：情境导入—整体感知—深入阅读—拓展延伸。

1. 情境导入

散文阅读教学的课堂应该散发文学的味道，营造富有审美意味的课堂氛围。在课堂导入部分，教师要能够通过一定情境的创设，唤醒学生的学习兴趣。情境的创设，可以从题目入手，也可以从作者入手，或者引入与内容相关的音乐、图片等，总之，要能激发儿童的阅读期待。

2. 整体感知

"全语言之父"肯·古德曼认为，人类学习语言，是由整体开始，再逐渐进入局部的。所以，每一篇散文的学习，一定要让学生通读全文，先从整体上把握文章内容，再进入细部的研读。整体感知部分，学生要能初步感知作者笔下的人、事、景、物等，大概能说出文章主要写了什么。

3. 深入阅读

深入阅读部分，实际上是有能力的教师协助学生咀嚼文字的味道，积累文学语言，习得阅读策略，掌握表达秘妙。所以，深入阅读部分一般包含三个方面：

（1）品析语言。维特根斯坦认为，一个词作为符号，其身躯似乎是死的，是什么让它活起来，是"使用"让它活起来。品析语言，实际上是抓住一些有特色的、用得巧妙的语句，在具体的语境中体会语言的独特魅力。比如，教学《祖父的园子》，对其中的"愿意……就……"这样的句式，应该反复品读，从中感受弥漫在文字间的自由与闲适。

（2）揣摩表达。朱自强教授说，不做形式分析的阅读教学是半途而废的。散文的阅读教学，也要带着学生去发现"有意味的形式"。比如，阅读《记金华的双龙洞》时，文章中的游览顺序、详略安排，是必然要带着学生去揣摩的。

（3）体味情感。散文的背后必然站着一个真诚的"我"。这个"我"有着怎样的表情、怎样的心情，教师在深入阅读的环节，应该借助比较、联结、辨析等文本细读的方式，引导学生一步步触摸文字的温度，体味藏在语句之间的情感。

4. 拓展延伸

散文教学的"拓展延伸"环节，是为了丰富和提升儿童的感受与理解，也是为了让课堂的学习不止于课堂，有效建立起课内外的链接，引导儿童在实践活动中学习语言、运用语言。

二、散文的教学策略

散文的教学策略很多，下面的几种策略是散文教学中经常采用的方式。

1. 情境导入，激发儿童阅读期待

（1）紧扣题目，激发阅读兴趣。

散文的题目，往往就像一扇窗户，推开这扇窗，可以调动学生去探究文章内容的兴趣。

比如，张学青老师教学《冬阳·童年·骆驼队》，便是从题目入手：这个题目很特别，它特别在哪里？引导学生发现题目是由三个词语和间隔号组成的。于是，张老师进一步描述："题目是什么？'题'是额头，'目'是眼睛。额头和眼睛对一个人的相貌来说非常重要，因此题目在一篇文章中也非常重要。这三个词语既然出现在题目中，一定是非常重要的词语。我们今天不妨就从题目中的三个词语出发走进这篇课文。"简短的导入，却能一下子抓住学生的心，激发起他们研究文本的兴趣。

（2）设置悬念，激发阅读欲望。

散文教学的"情境导入"部分，可以巧设悬念，让学生产生一种急于了解原因或知道答案的心理。

比如，倪宝玉老师参加赛课，执教《父爱之舟》，上课伊始，她设置了这样一个悬念："同学们，你们知道吗，吴冠中是我国著名的画家、油画家、美术教育家，可他却说——'我什么时候能够用自己手中的笔，把那只载着父爱的小船画出来就好了！'一位大画家却难以画出一艘小渔舟。这是为什么呢？让我们去寻找答案吧！"如此导入，让孩子们一下子就有了阅读的欲望。

（3）关注作者，激发阅读热情。

读一篇散文，实际上是读作者的情感、想法或思考。关注文字背后的作者，了解作者是个怎样的人，说过什么样的话，做过什么样的事情，也能激发学生的阅读热情。

比如，我在一次研讨会上执教《金色的草地》时，就借助作家普里什文说过的一句话导入新课。课堂一开始，我就出示普里什文在《猎取幸福》中的一句话："我发现，一切事物都美丽如画，而我又没有绘画的习惯，于是我就运用词语和句子，正如绘画时运用颜料和线条一样"。然后，我抛出一个问题给学生：在这篇文章里作者用文字画了一些什么？孩子们一下子就产生了阅读的热情，迫不及待地去文字中寻找画面。

2. 品析语言，培养儿童敏锐语感

（1）借助朗读，感受语言的魅力。

品味语言的方式很多，"朗读"是其中最重要的一个策略。文学作品首先是一个声音的系列。钱理群教授曾说："文学的教育，声音在某些时候会显得尤其重要，因为声音会对生命产生触动，会碰撞出特别的情感。文学是感性的，不是理性的。所以朗读，用心朗读，是感受文学的一种重要方式。"运用"朗读法"来品味散文的语言，有助于学生积累语言、培养语感、丰富理解。

比如，《祖父的园子》中有这样一段话：

倭瓜愿意爬上架就爬上架，愿意爬上房就爬上房。黄瓜愿意开一朵花，就开一朵花，愿意结一个瓜，就结一个瓜。若都不愿意，就是一个瓜也不结，一朵花也不开，也没有人问它。玉米愿意长多高就长多高，它若愿意长上天去，也没有人管。

对其中的"愿意……就……"这样的句式，在教学时可以设计各种形式的朗读——师生合作读、情境表演读、配乐朗读等，在各种方式、各种层次的朗读中，反复品味，从中感受词句之间弥漫的自由与闲适。

（2）借助比较，品味语言的温度。

比较，是一种很神奇的学习方法。借助比较，可以引导孩子们发现更多语言里藏着的秘密。

比如，教学《父爱之舟》时，让孩子们进行多处比较：比较"盛大"与"偏僻"，比较"凉粽子"与"热豆腐"，比较"心酸的哭"与"撒娇的哭、发脾气的哭、打架的哭"，比较"轮换摇橹"与"小舱睡觉"，比较"破旧的篷"与"精致的乌篷"……在一次又一次的对比中，孩子们能够越来越真切地感受到语言背后的温度，感受到语言背后深厚的父爱。

（3）借助辨析，品析语言的巧妙。

品析语言，实际上是抓住一些有特色的、用得巧妙的语句，在具体的语境中体会语言运用的巧妙之处。

比如，教学《荷花》时，引导学生体会文中"冒"字的巧妙。首先出示下面这段话：

白荷花在这些大圆盘之间冒出来。有的才展开两三片花瓣儿。有的花瓣儿全展开了，露出嫩黄色的小莲蓬。有的还是花骨朵儿，看起来饱胀得马上要破裂似的。

然后借助相关话题引导学生对"冒"字的运用进行辨析：

①"冒"字还可以换成别的什么字？（露、钻、长、顶、穿、伸……）

②尽管这些字眼意思差不多，但作者都没用，就用了"冒"字，为什么？再读读这段话，想象画面。

③体会：这些大圆盘是怎样的大圆盘？荷花怎样从挨挨挤挤的荷叶之间长出来，才叫"冒"出来？

通过这样的辨析，孩子们从一个简简单单的"冒"字中就品出了荷花的急切、荷花的激动、荷花的争先恐后、荷花的迫不及待，感受到了荷花的生机勃勃、摇曳多姿。

3. 体味情感，陶冶儿童道德情操

散文，最能表达作者的内心情感以及独特思考。教学时，教师要借助细节描写、想象画面、联结生活等方式来引导学生读懂作者的情感，感受美好的情思。

（1）借助细节描写，触摸文字温度。

每篇散文的背后必然站着一个真诚的"我"。这个"我"有着怎样的表情，有着怎样的心情，教师要引导学生一步步体味。

比如，特级教师王崧舟执教《慈母情深》时，就抓住了作者的细节描写，带领学生触摸文字背后的情感。王老师在课堂上出示这样一句话：

母亲却已将钱塞在我手里了，大声回答那个女人："谁叫我们是当妈的呀！我挺高兴他爱看书的！"

王老师让学生去发现让自己特别有感触的细节描写，很多学生圈出了"塞"字，王老师顺势而导，让学生体会这一个小小的动作里藏着的深深的慈母情。

（2）借助想象画面，体味作者情感。

比如，教学《走月亮》时，教师可带领学生阅读这样的句子："细细的溪水，流着山草和野花的香味，流着月光。……卵石间有多少可爱的小水塘啊，每个小水塘都抱着一个月亮！"就可以引导学生展开想象，去感

受洱海的迷人风光，想象一个个小水塘拥抱着月亮的情境，由此引导学生体会语言里跳跃着的快乐、甜美，带领学生去"翻译"作者的情感：一个生活在母爱与亲情的怀抱中的孩子，是那么幸福！

（3）借助联结生活，陶冶道德情操。

好的散文，往往字里行间都有真情，它描绘的一切来自于尘世，却又能走到人的心里去，让读者产生共鸣，陶冶人的道德情操。

比如，教学《落花生》时，可以借助这样一个话题——课文中用花生来比喻"不求体面，只求对别人有用的人"，看到花生的特点，你会想到生活中的哪些人呢？把文本内容与学生生活紧密联系起来：这样的话题，一方面，让学生感受到花生的美好品质；另一方面，也能让他们把花生与身边的人联系起来，感受熟悉的人身上的美好品质，这些美好品质就会像种子一样播撒到学生的心田里。

4. 揣摩表达，提高儿童言语能力

不少教师认为教学"形散而神不散"的散文，主要就是带领学生分析文章的主旨。对于这一观点，我并不认同。因为很多优秀的散文，其形与神都是不散的。优质的散文，看似漫不经心地在表达，实际上有其内在的规定性。所以，散文的教学除了带领学生感悟文章的主旨与传达的道理，还应该带领学生揣摩文章的表达，从而达到"举一反三"的效果，提高自身的言语能力。

（1）揣摩独特表达。

每一个散文作家都有自己独特的表达方式。在教学的过程中，教师要引导学生去领悟作者的独特表达。

比如，教学朱自清的《匆匆》，一些教师会认为主要是带领学生认识"时间如何宝贵，如何珍惜时间"这样的主题，高年级的学生一读就懂，根本不需要教师讲。教学这篇散文，教师要讲授的更多的是朱自清在这一篇

散文里的表达，即他是如何把看不见、摸不着的时间写生动的。在朱自清的笔下，无形的时间有了脚，无形的日子如轻烟、如薄雾，这些化无形为有形的表达方式，教师应该带着学生去反复揣摩。

（2）揣摩行文线索。

克莱夫·贝尔认为，文学是有意味的形式。而朱自强教授在《小学语文儿童文学教学法》一书中提到：对文学作品进行形式分析，才会深层地进入它那独有的语言世界，发现这种独有的语言形式与作品的思想或情感内容的关系。朱自强教授还强调，小学语文教育教学对文学形式（语言形式）的分析贯彻、落实得好，语文教育"少、慢、差、费"问题的解决就不是遥遥无期，而是指日可待的。比如，教学《夏天里的成长》时，文章中从"生物"到"非生物"，再到"人"的线索安排，必然要带着学生去揣摩。

揣摩作者的行文线索，我们可以采用罗列清单、勾画写作地图等方式来发现作者的写作技巧。例如，教学《一只窝囊的大老虎》，可以引导学生勾画出"我"的心情变化过程（见下图），从中发现作者的写作思路。

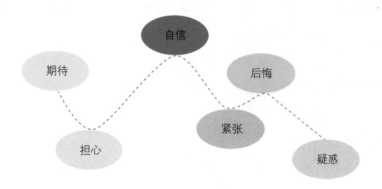

5.拓展延伸，提升儿童核心素养

所有的教育都应该以儿童的真实、全面的成长为中心，散文的教学也不能停留于体味情感、揣摩表达，还应该发展儿童的思维，帮助儿童形成真实的本领。所以，散文的教学不应该止于课堂，而应该多做一些拓展与延伸活动，从而提升儿童的核心素养。

（1）指向理解的延伸，补充写作背景。

散文阅读教学，实质是建立学生的已有经验与"这一篇"散文所传达的作者独特经验的链接。但是，无论是知识经验还是人生经验，学生与作者之间总有很大的距离。为了有效地建立起这种链接，教师应该适时补充作者的相关信息和文章的写作背景，让学生的感受、认识、思考更加丰富、深刻。

（2）指向阅读的延伸，补充相关读物。

这里所说的"延伸阅读"，实际上就是类似于温儒敏教授所提倡的"1+X"方式，由阅读的"这一篇"带出相同主题的文章、相同表达方式的文章或同一作家的其他文章。比如，阅读老舍的《猫》，可以再带着学生对比着读一读丰子恺的《阿咪》，看看两位作家笔下的猫有什么异同；学习了叶圣陶的《爬山虎的脚》，可以带出几篇能体现连续观察的文章，引导学生习得连续观察的方法；学习吴然的《大青树下的小学》，可以带着学生阅读一组他的文章，感受云南这片土地的神奇与美好。

（3）指向写作的延伸，进行读写结合。

文章无非是个例子，从文章中发现的写作秘诀，可以运用到写作中去。比如，学完叶圣陶的《荷花》，可以让学生按照一定的顺序，运用形象的动词写一种花朵。

（4）指向实践的延伸，开展跨学科学习。

跨学科学习能够打破学科间的壁垒，让学习更加综合化、真实化。学完一篇散文，开展综合性学习，既巩固了课堂学习，又能在实践活动中进一步促进儿童核心素养的提升。

比如，学完叶圣陶的《荷花》，可以让孩子们搜集描写荷花的诗词，画一画荷花，也可以开展"我是小小朗读者"活动，跟同伴一起选择合适的音乐进行配乐朗读。

再如，带着孩子们学习《圆明园的毁灭》，就可以开展跨学科学习活动：结合相关资料，用简笔画再现圆明园昔日的辉煌。让学生结合资料，并根据第三小节的描写，小组成员合作，用简单的词语及线条勾画昔日的圆明园样貌；学唱歌曲《七子之歌》，体会其与《圆明园的毁灭》在情感表达上的相似之处；搜集与圆明园有关的故事，练习讲述，点燃学生的爱国之情。

三、散文教学的几种特殊形式

余映潮教授在《余映潮中学语文散文名篇教学实录及评点》的自序中写道："散文教学的课堂，应该有选择性地表现出如下审美教学的意境：有朗读训练、有情感体味、有语言品析、有手法欣赏、有形象评析、有妙点揣摩、有片段精读、有句段美写、有语言学用、有知识积累、有集体训练。"余映潮教授认为，散文的课堂教学应该体现"美、实、活、新、丰"这几个字。余教授深谙散文教学之道，揭示了散文教学的本质特征。

前文，我就教材中的散文教学教什么、如何教作了一些阐释，在平时的教学中，我们还可以通过各种方式把教材外的散文名篇引进课堂。结合散文的特点，依据小学阶段学生的一般认知能力，我在总结出散文教学的一般范式以及主要教学策略的基础上，发现散文教学的课堂因为教学内容、教学方式的不一，体现出来的整体氛围、凸显的核心目标，包括达成的教学效果也会呈现出摇曳多姿的课堂样态。从核心教学目标、主要教学手段等角度出发，可以把散文教学分为散文诵读课、散文赏读课、散文写作课、散文主题阅读课等类型。

1. 散文诵读课

散文是语言的艺术，或娓娓道来，或慷慨激昂，或绵里藏针，或淡雅深情，或幽默生动，每一个字、每一句话都散发着自己独特的光芒。所以，散文，是非常好的诵读材料，尤其是一些诗性散文，更值得反复咀嚼，反复记诵。好的散文，适合放开声音大声朗读，用诵读的方式感受语言的节奏与韵味，用诵读的方式体会作者的情感与思考。以熟读成诵为核心教学目标，以多种形式的朗读为主要教学方式、学习方式的散文教学，我称之为"散文诵读课"。

比如，朱爱朝老师在第十届中国儿童阅读论坛上执教的《雅舍》，就是一节典型的散文诵读课。朱老师在课堂上重点做了一件事情——引导学生用声音与文字产生连接。梁实秋的《雅舍》对于当今的学生来说，是有些陌生感的，朱老师先用自己的范读来融化学生与文字之间的陌生感，然后跟学生一起踏上了用声音呈现文字的旅程。在引导学生诵读"看山头吐月，红盘乍涌，一霎间，清光四射，天空皎洁，四野无声，微闻犬吠，坐客无不悄然"一句时，朱老师说："这是多么有力量的声音，月亮升起是非常富有动感的，那我们该怎么通过朗读把月亮升起壮美的感觉读出来呢？我们来试试看。"就这样，朱老师在课堂上带领着学生反复尝试用声音呈现文字，用声音的高低、长短表达文字中的情感，感受着梁实秋先生的安然和从容。

散文诵读课，适用于一些篇幅不长、语言富有诗意的散文。一般可利用晨读、语文课前十分钟等展开教学。

2. 散文赏读课

散文之美，是由内而外的，散发着独特的光芒。好的散文就像钻石一样，光芒四射。带领孩子阅读散文，就是要让他们学会品读语言之美，赏析表达方式，享受美好情思。以赏读词句、赏读表达的方式、感受美好情感为核心教学目标，通过想象、比较、联结等为主要教学方式、学习方式的散文教学，我称之为"散文赏读课"。

比如，张学青老师教学叶圣陶先生的《三棵银杏树》，在引导学生感悟枝干的"直"与"孕育着勃勃生机"时，先出示句子：

三棵树的正干都很直，枝干也是直的多，偶然有几枝屈曲得很古怪，像画幅上画的。每年冬天，赤裸的枝干上生出无数的小粒来。这些小粒渐渐长大，长得像牛、羊的奶头。

张老师让学生说说这一段话里面有几句话，每句在讲什么。

有一学生回答："有三句话，第一句话讲的是枝干很直，第二句话讲的是赤裸的枝干上会生出无数的小粒，第三句话讲的是这些小粒长大后像牛、羊的奶头。"

张老师适时追问："刚才你说第一句话在说'枝干很直'，可句子中明明有说'屈曲'啊。"由此，肯定学生能从"屈曲"中读出"直"。

接着，张老师问学生："你们曾经留意过渐渐长大的那些小粒吗？你们没见过，是吧？所以作者用了一个比喻，告诉你渐渐长大的小粒像牛、羊的奶头。见过牛、羊的奶头吗？在电视或者图片中应该见过吧。我们来看看小粒的样子。"然后出示银杏树枝干图片。

随后张老师抛出一个问题："你觉得这个比喻好在哪儿？"

有一学生回答："渐渐长大的小粒的确很像牛、羊的奶头。"张老师顺势引导："一个好的比喻，首先要两者有相像的地方，对不对？但是这个奶头的比喻还不仅仅好在外形的像，还好在哪里？"

学生由此想到：奶头一般都可以挤出奶来的，要是银杏长出叶子，这些奶头还能给叶子提供营养，就像牛、羊奶头里面的奶一样。

张老师在此基础上引导学生发现叶圣陶先生用词的妥帖：奶头是不是哺育新生命的地方？银杏树上渐渐长大的小粒里，马上会有新生命诞生——绿叶会从里面伸展出来，所以这个句子妙不妙？学生听后点头表示认可。张老师最后表示：这就是语言的妥帖。

如此，教者在带领学生细细赏读的过程中，引导学生辨析、想象，品读出文字中的美妙之处。

散文赏读课，适用于语言精妙、内涵丰富、意蕴深远的文章，可利用文学社团、延时服务时间等展开教学。

3. 散文写作课

优质的散文，内涵丰富，构思巧妙，表达方式多样，是孩子们学习写作的好材料。以带领孩子们了解文章的线索、揣摩表达、练习表达为核心教学目标，以揣摩表达、练习表达为主要学习方式的散文教学，我称之为"散文写作课"。

比如，我曾经带着学生学习金波的散文《开花》，就采用了"散文写作课"的方式来进行。我先让学生自主阅读《开花》，在此基础上，让学生提取信息，说一说作者描述的二月兰是什么样子的。二月兰开花了，文中的"我"和小姑娘有什么样的感受？是从哪些句子中看出来的？

接着，我抛出一个话题，引导学生从写作的角度来阅读这篇散文：作者是如何把观察和感受到的写清楚、写生动的呢？我顺势带着学生研读具体的文字，先出示句子："它穿着碧绿的衣裙，戴着紫色的小帽。它的衣裙和小帽都是崭新的，而且散发着香味。太阳慢慢升起来了，阳光洒到叶子上，像镀上一层金子"，让学生了解作者观察二月兰时，留心了二月兰的颜色、香味，甚至阳光洒到叶子上的样子，正因为观察细致，所以才能写得清楚、明白。

我再让学生关注这些句子："我的二月兰在晨风里翩翩起舞。它一点儿也不害羞了"以及"一只老山羊从篱笆外走过，二月兰举起花束挥动着，似乎在欢迎老山羊来做客。真的，它已把这儿当做自己的家了，它将永远在我的园子里住下来"，引导学生去发现——在作者的眼里，二月兰就像一个可爱的孩子，它会"翩翩起舞"，它"一点儿也不害羞"，它会举起花束，"欢迎老山羊来做客"。因为作者用心感受一株二月兰的"一举一动"，甚至去体察一朵花的心情，所以笔下才有如此生动的描写。

最后，让学生选择自己喜欢的植物朋友，细心观察，用心感受，并把观察到的、感受到的写出来，让更多的人了解自己喜欢的植物朋友。

散文写作课，适用于表达方式有特点，便于学生学习写作策略的散文，一般可以用作文课等时间进行教学。

4. 散文主题阅读课

有的时候，我们想把多篇散文带到学生面前，就可以采取主题阅读的教学方式。散文的主题阅读教学，是以主题统领下的多个散文篇章的阅读活动，教师要通过高质量的略读指导，跟学生一起围绕一个或多个议题展开阅读教学。

比如，我喜欢作家刘亮程的作品，就选了他的两篇散文——《一条土路》《与虫共眠》，在班级里开展了主题阅读教学。教学中，我紧扣刘亮程的散文特点设计话题。刘亮程说过这样一句话："我努力让自己像写诗一样写每篇散文。"所以，我设计了下面三个话题：

（1）大声朗读这两篇文章，找到你认为最富有诗意的一句话，把你的感受说给同伴听。

（这个话题，实际是让学生借助大声朗读，倾听文本内在的声音。）

（2）默读这两篇文章，文中有不少句子富有哲理，找出你认为很有哲理的一句话，读给大家听，并说说你的理解。

（这个话题的设计，直接指向的就是找到作者最想说的那句话。每一篇散文中，往往有一句话是作者最想表达的。通过这样的讨论和交流，能够帮助学生体悟作者最想表达的意思。这两篇文章中，藏着作者对乡村小路和各种小虫子的深厚情感，可以借助刘亮程的文字唤醒学生对自然的亲密感。）

（3）请你化身为一条乡村小路或者不同的小虫子，跟文中的"我"说几句心里话。

通过这种角色置换的方式，让孩子们去想象、去体验、去表达，既使得教学富于情趣，又将多种能力训练融为一体。通过这样角色互换，孩子们会感受到：人就是自然的一部分，和森林中的一片落叶、一只蜜蜂没有什么不同，和冬天的一片雪花、夏天的一颗雨滴也没有什么区别。如此，引导孩子们在当今这个喧嚣的世界里，当很多人的心灵被灰色的钢筋水泥所遮挡的时候，能够走向虫子，能够与一条路相亲相爱，希望这样的乐趣和浪漫不要从孩子的童年生活中消失。

主题阅读课适用于两篇及两篇以上的散文教学，散文主题阅读既可以采用"1+N"的方式，跟教材配套学，也可以用一课时进行独立教学。教师们可以选用一套主题阅读读本，如《新编语文全阅读》《新母语》等，里面就有不少适合进行散文主题阅读课的单元。

第四章
散文的教学案例

　　本章从教材中的散文教学和教材外的散文教学两个方面出发，呈现了十个教学案例。在第一节"统编教材中的散文教学案例"中，在低、中、高年段各选取了一篇散文，即统编版小学语文教材一年级上册的《项链》、统编版小学语文教材三年级上册的《金色的草地》、统编版小学语文教材五年级上册的《父爱之舟》，展示了完整的教学设计；这一节还呈现了统编版小学语文教材五年级上册的《四季之美》的教学实录，由我所带的工作室中的沈在梅老师执教，我进行教学评析。第二节到第五节是教材外的散文教学案例内容，根据散文教学的类型，分别呈现了教材外的散文诵读课、散文赏读课、散文写作课与散文主题阅读课的教学案例，其中，第五节"教材外的散文主题阅读课教学案例"又包含低、中、高三个年段。我希望借助这些教学设计及教学实录，给教师们一些启发与思考。

·第一节·统编教材中的散文教学案例·

> ## 《项链》
> ## 教学设计

·教学目标·

（1）认识"蓝""又"等11个生字，会写"白、的、又、和"4个生字，认识禾木旁，并且学会合理搭配"的"字词语。

（2）能够正确、流利地朗读课文，大体了解课文内容，知道小娃娃的项链、大海的项链分别是什么。

（3）感受大海、沙滩、浪花之美，并能体会小娃娃在海边玩耍的快乐。

·教学重点·

能正确、流利地朗读课文，感受大海、沙滩、浪花之美，并能体会小娃娃在海边玩耍的快乐。

·教学设计·

一、情境导入，激发兴趣

（1）你见过大海吗？你见过的大海是什么样子的？

（2）你见过项链吗？（出示金项链、银项链、珍珠项链的图片，让学生根据材质说出分别是什么样的项链。）

大海的项链会是什么样子的呢？（出示题目，引导学生读好题目。）

二、初读课文，整体感知

1. 教师范读

听着老师的朗读，你仿佛看到了什么样的画面？

预设：

◎我仿佛看到了蓝蓝的大海，还有黄黄的沙滩、雪白的浪花。

◎我仿佛看到了小娃娃在捡起海螺和贝壳。

◎我仿佛看到了小娃娃在沙滩上留下的脚印。

2. 学生练习朗读

（1）老师提出自读要求：这么美的画面，小朋友们愿意来读一读吗？要求能够读准字音，遇到不认识的字，我们可以拼一拼、问一问，也可以猜一猜。

（2）学生练习朗读。

（3）出示词语：

笑着	涌向	挂在
蓝蓝的	黄黄的	雪白雪白的
又宽又远	又长又软	

学生齐读词语。

①（指名读第一排词语）你发现了什么？这些词语都是表示动作的，

加上动作读一读。

②（指名读第二排词语）你发现了什么？这些词语都是形容颜色的。你还知道哪些形容颜色的词语？

③（指名读第三排词语）像这样的词语，你还会说吗？帮助学生积累"又×又×"的词语。

（4）连一连。（出示）

蓝蓝的	项链
黄黄的	大海
雪白雪白的	沙滩
快活的	浪花
彩色的	贝壳
小小的	脚印

连好后，读一读。

（5）我会说："……的……"。

（6）学习生字。

①出示"白、的"两个字，指名读，并学写字。

首先引导学生找出两个字的异同，从而发现："白"是独体字，"的"是左右结构；"白"加"勺"就是"的"。

然后引导学生看准两个字在田字格中的位置："白"字宽宽中间站，"的"字右边要写宽。

最后引导学生看关键笔画："白"字中间的横，靠左不靠右；"的"字中的"白"要变窄，右撇稍长，钩有力。

学生练写两个字，互评后进行修改。

②出示"又、和"两个字，再用上述方法学写字。

先看结构，再看在田字格中的位置，接着重点讲解关键笔画："又"的横、撇要写饱满，"和"中禾木旁的捺变为点，注意避让。

三、深入阅读，感受美好

（1）请小朋友们再来读一读《项链》，你发现这篇课文一共有几个自然段？哪一个自然段写了大海的美景？哪一个自然段写了小娃娃的快乐？

（2）学习第一自然段。

①请小朋友们读一读第一自然段。这一自然段有几句话？（三句）

②教师提问：这三句话就像三幅画，你能否给每一幅画取一个名字呢？

预设：大海图、沙滩图、浪花图。

③出示大海图。读第一自然段的第一句话。你觉得这幅大海图美在哪里？（引导学生读出大海的美）

预设：

◎大海的色彩很美，蓝蓝的。

◎大海又宽又远，给人一种壮美的感觉。

④出示沙滩图，指名读。你觉得这幅沙滩图美在哪里？（引导学生读出沙滩的美）

预设：

◎沙滩的色彩很美，黄黄的。

◎沙滩的沙子很美，软软的。

⑤出示浪花图，指名读。你觉得这幅浪花图美在哪里呢？（引导学生读出浪花的美）

预设：

◎浪花的色彩美，雪白雪白的。

◎浪花的动作美，哗哗地笑着，涌向沙滩，还悄悄地撒下小小的海螺和贝壳。

教师描述：大海美，沙滩美，浪花也美。让我们一起再来读一读第一自然段，一边读，一边想象这几幅美丽的画面。

（3）学习第二自然段。

①指名读第二自然段。这一自然段有几句话？（两句）

②教师提问：这一自然段中出现了两条项链，一条是小娃娃的项链，一条是大海的项链，这两条项链分别是什么颜色的？是用什么做成的？请小朋友们再读这一自然段。

预设：

◎小娃娃的项链是彩色的，大海的项链是金色的。

◎小娃娃的项链是用海螺和贝壳做成的，大海的项链是小娃娃快活的脚印。

③小娃娃戴着彩色的项链是怎样的表情？又会说些什么呢？（引导学生展开想象说话）

④大海戴着金色的项链又会是怎样的表情？大海又会说些什么呢？

教师描述：小娃娃是快活的，大海也是快活的，他们的心情都很美。今天，邵老师跟小朋友们一起来到大海边，看到了蓝蓝的海、黄黄的沙滩、雪白的浪花，还有快乐玩耍的小娃娃，这一切是那么美好！其实，在我们的生活中还有很多这样美好的画面等待我们去发现。让我们完整地读一读这篇文章，把美好和快乐留在心中。

四、拓展延伸，布置作业

（1）如果让你也来动手做一条项链，你会用什么材质做出怎样的项链呢？你想把这条项链送给谁呢？

（2）介绍作者，布置课外作业。

（出示作者夏辇生的照片，并进行介绍：夏辇生是中国作家协会会员，资深记者，著名童话家，小说家。她写了许多儿童作品。因为夏奶奶的心中有美，所以笔下的文字也很美，课后请小朋友们根据课文中的描写，画一幅心中的大海图。）

五、板书设计

项　链

大海　美

小娃娃　乐

《金色的草地》教学设计

·教学目标·

（1）朗读课文，学习本课的生字、新词，借助字形理解"喊""拢"等字词的意思。

（2）读出文字所描绘的画面，读出画面中蕴藏的情感，了解"我"的情感变化过程。

（3）唤醒儿童对自然的亲密感，并引导儿童用心观察自然，发现自然之美。

读出文字中的画面，引导儿童用心观察自然，发现自然之美。

·教学设计·

一、激趣导入，认识一个美丽的名字——蒲公英

（1）如果让你做一朵花或一棵树，你愿意成为什么花、什么树？请大家说一说自己的想法。

（2）认识这朵花吗？

（出示蒲公英的图片。板写题目：蒲公英。重点讲"蒲"的写法：上下结构，上面的草字头说明这个字与植物有关；下面的"浦"指水滨，表示"蒲"这种植物生长在水边。）

（3）邵老师小时候以为蒲公英的绒球就是它的花，后来才知道这些绒球是它的种子。蒲公英的花瓣落了后，花托上才会长出洁白的绒球。

同学们了解蒲公英的生长过程吗？（出示蒲公英生长的过程图，并指名说一说蒲公英的生长过程。）

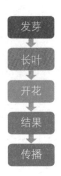

（4）这是邵老师用简单的词语与箭头勾画出来的蒲公英的成长过程。大家也在脑海中画一画。

（5）这节课，我们要阅读的文章就跟蒲公英有关，读一读题目。这篇文章的作者是谁？大声读一读他的名字。以后，我们在阅读的时候，一定要记得读一读作者的姓名。

二、整体感知，读出文章所描绘的画面

（1）大家在课前有没有预习过课文？最好的预习就是先大声朗读课文。我们来展示一下自己的朗读。（指名朗读）

（2）作家普里什文曾说过这样一句话：

我发现，一切事物都美丽如画，而我又没有绘画的习惯，于是我就运用词语和句子，正如绘画时运用颜料和线条一样。

——普里什文《猎取幸福》

这篇文章里作者用文字画了一些什么呢？自己再读一读，然后跟你的同桌聊一聊，请看要求：①选择你最感兴趣的一幅画说一说，这幅画上画了一些什么。②想一想文中的哪几个自然段写了这幅画，试着给这幅画取一个好听的名字。

（3）师生交流。

预设：

◎我喜欢作者在第一自然段中画的画，蒲公英盛开的时候，这片草地就变成金色的了。我觉得这幅画特别好看。我想给它取个名字，就叫"好看的蒲公英"。

◎我喜欢作者在第二自然段画出来的画，这幅画中，"我"和弟

弟在吹蒲公英的绒毛，玩得很开心。我给这幅画取的名字叫"好玩的蒲公英"。

◎我喜欢作者在第三自然段画的画，这幅画中，蒲公英在早晨、中午和傍晚的时候，会变化。我给这幅画取的名字叫"会变化的蒲公英"。

三、读活画面，体会画面中的情感

（1）教师描述：刚才我们在文字中找出了画，现在我们要读好这些画。邵老师有个建议，要想把画读得活灵活现，就要先找出藏在画里面的心思和情感。你们最想先读哪一幅画？

（2）预设：学生投票，得票最多的是"好玩的蒲公英"。

①这幅题为"好玩的蒲公英"的画，自己在心里读一读，体会一下。

这幅画里面藏着"我"和哥哥的哪些想法呢？我们来看一看兄弟俩玩蒲公英的情景。（指名读）

指导朗读：人物的语言、动作、神态都能表露一个人的心思。"我"装着一本正经的样子，其实是在想鬼主意，掩饰内心的想法。要把"我"的这种心理读出来。另外，两个人互相吹绒毛的那种调皮、动作的敏捷也要在我们的声音里体现出来。这样的好玩，这样的快乐，男生一起读。女生再一起读。

②读着这样的画面，老师想到了自己，我们小时候喜欢玩苍耳的种子，所以常常趁同伴不注意，将苍耳的种子粘在同伴的衣服上、书包上，然后大笑着逃走。那会玩得特别开心。其实，这样的快乐，我们每个小朋友都经历过，把我们的心情也放到画面里，一起再读，把这样的趣味读出来。希望这样的乐趣和浪漫不要从我们的童年生活中消失。

③此时，文中的"我"对蒲公英的印象如何？（板书：带来快乐）

小小的"我"和弟弟都是无心的，在玩着童年的游戏，可蒲公英却是有意的，在兄弟俩吹来吹去的过程中，它已经找到属于自己的泥土，准备开花了。

（3）预设：第二名是"好看的蒲公英"。

①当春天来临的时候，草地上的蒲公英开花了。谁来读一读这段文字？

②这幅画中藏着"我"怎样的情感呢？把这样的情感读出来。（喜欢、赞美……）

③刚才有同学不由自主地发出了惊叹，带着这样的感受读一读。这样的金色，这样的亮黄，不是一朵、两朵，而是满眼都是，是一大片，我们一起来读一读。

④看到这满眼的金色，文中的"我"会说什么呢？猜想"我"的想法。

⑤你见了会说什么？（引导学生想象说话）

⑥这满眼的金色，让人的心情也变得明亮。让我们带着这样的欣赏，再读。

教师描述：作家用文字带给我们一场视觉的盛宴，当我们被蒲公英这样的美丽所震撼、所陶醉的时候，作者又告诉我们，这种美丽还是会变化的。

（4）我们来欣赏第三幅画："会变化的蒲公英"。

①出示第三自然段。谁来读一读？

"我"发现了什么？当时的"我"会是怎样的心情？（草地的颜色是会变化的；惊奇、好奇、觉得大自然真的很有意思……引导学生把这样的心情读出来。）

②草地的颜色为什么会变化呢？（指名再读第三自然段）

在这里，普里什文用了一个非常可爱的比喻，把什么比作什么？

③出示不同时间的草地图片。现在你们知道草地的颜色为什么会变化了吧。看着图，谁来说一说？

④在这一自然段中有很多的变化，你发现了哪些呢？四人小组讨论一下，并且用简单的词语与箭头勾画出你们发现的变化。（引导学生发现时间的变化、色彩的变化、姿态的变化等）

教师描述：一个会仔细观察的人，一个留心生活的人，就算他的鼻子没有嗅觉，他笔下的花朵也能芳香四溢。相机讲"察"这个字的书写："察"字比较难写，请大家仔细观察一下这个字各个部件摆放的位置。"察"是一个会意字，上面的宝盖头表示在屋内祭祀。古人认为祭祀活动是一件特别重大的事情，要详审、细究。这个字现在的意思表示仔细看。

⑤引导学生根据变化过程，加上动作，朗读。

现在我们就是一朵朵蒲公英，我们的手掌就是蒲公英的花朵。伸出我们的双手，很早的时候，草地是绿茵茵的，花瓣是合拢的；中午时分，草地是金色的，花瓣是打开的；到了傍晚，草地又变绿了，因为花瓣又合拢了。（出示图片）

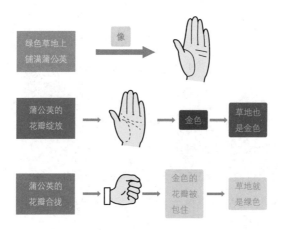

⑥一起读一读这一自然段，遇到涉及变化过程的语句，记得加上我们的手掌动作。

教师描述：大自然就像一个神奇的万花筒。你看，这是向日葵，它怎么变化？哦，它是太阳的小尾巴，紧紧跟着太阳转。就像小小的我们，是妈妈的跟屁虫。晚饭花怎么变化？看来，它是一个夜猫子，一到晚上就神采飞扬地开放了，当太阳升起来的时候，它却呼呼大睡。这是含羞草，你知道它怎么变化吗？这是金银花，它也会变化。（分别出示向日葵、晚饭花、含羞草和金银花的图片）当然，会变化的植物还有很多很多，大家有没有留意过牵牛花的颜色、风吹过油菜花田时的情景？选择你喜欢的一种植物，写一写它的变化，最好能用上一个可爱的比喻，把它跟我们小朋友联系起来。

（5）学习课文的最后一个自然段。

当我们发现这些植物的秘密之后，我们跟它们的关系就不一般了。文中的"我"发现草地会变色的秘密后，不由得发出了这样的赞叹（出示课文的最后一个自然段）：

多么可爱的草地！多么有趣的蒲公英！从那时起，蒲公英成了我们最喜爱的一种花。

（板书：最喜爱）

从这句话中，你又读出了怎样的情感？（蒲公英成了我们最喜爱的一种花）

（6）现在请同学们再来看一看整篇文章，把这几幅图串联起来的一条线是什么呢？（"我"对蒲公英的情感）

教师描述：孩子们，最美的画面可以没有色彩，但是绝对不能缺少情感。

四、拓展延伸，感悟文字背后的眼神

（1）当一个人把他所观察到的变成文字，他便有了一双会发光的眼睛。透过《金色的草地》，你看到了普里什文有一双怎样的眼睛？

（2）教师讲述：普里什文这个人很有意思，他喜欢旅行，喜欢坐在树桩上写作，他写了50多年的大自然观察日记。他把一草一木、一花一叶都看作自己的亲人、自己的孩子。所以，有人说他是一个魔法师，因为他能听懂树与树的对话，他能了解一片云、一只鸟的喜怒哀乐。

（3）出示普里什文说的一句话：

我笔写出来的是大自然，而心中想着的却是人。

读着这样的文字，今后，面对一朵花、一棵树的时候，你心中想的也会是自己的亲人和朋友。这一朵花，那一棵树，跟我们一样，都是大自然的小小成员。

（4）出示一首小诗，学生齐读：

在一颗沙粒中见一个世界，
在一朵鲜花中见一片天空，
在你的掌心里把握无限，
在一个钟点里把握无穷。
——威廉·布莱克《天真的预示》（张炽恒 译）

教师描述总结：

在一颗沙里能看见一个世界，在一朵花里能见到一片天空，让我们用一双会发现的眼睛将这样的美丽留住。

今天，我们与普里什文的《金色的草地》相遇，希望我们每个人都能将这样的灿烂收藏在内心；希望我们每个人都能用亲人般的目光去关注这一朵野花，那一棵树。

五、板书设计

金色的草地

好看

好玩

会变化

《父爱之舟》
教学设计

· 教学目标 ·

（1）借助朗读，学习本课的生字、新词。通过联系上下文、观察图片、查阅资料等方式理解"摇橹""桑稻""初小""高小"等词语的意思。

（2）借助情节图，梳理出"我"梦中出现的难忘的场景。

（3）借助比较，细读难忘的场景，体会父亲深沉的爱。

（4）理解课文题目的含义。

· 教学重点 ·

借助比较，细读难忘的场景，体会父亲深沉的爱。

一、导入新课，认识作者

（1）播放阎维文的《父亲》。

教师描述：歌词中说："父亲是儿那登天的梯，父亲是那拉车的牛。"在你的眼里，父亲是什么呢？（学生表达自己的看法）

（2）同学们，有人说，父亲是遮雨的伞，父亲是挡风的墙，父亲是前行路上的一盏灯……而在吴冠中的笔下，父爱却和小船联系在了一起，这是怎么一回事呢？今天，就让我们一起走进《父爱之舟》。（齐读题目）

（3）课前，同学们已经预习了课文，对于作者吴冠中，你有哪些了解？（学生交流收集到的关于吴冠中的资料）

（4）教师小结：吴冠中是我国著名的画家、美术教育家。可他却在文中说"我什么时候能够用自己手中的笔，把那只载着父爱的小船画出来就好了"，这是为什么？让我们去文字中寻找答案吧！

二、整体感知，梳理场景

（1）请同学们自由地读一读课文。课文中所记录的事情，离现在应该有几十年了，所以，有些词语你可能不大熟悉。同学们可以借助联系上下文、观察字形、查阅资料等方式来进行理解。

（2）检查、交流对词语的理解。出示词语：

       粜稻   摇橹

       踩高跷   泥灶   乌篷船

初小   高小   无锡师范

①指名读第一排词语。你能借助字形来推测一下它们分别是什么意思吗？

②指名读第二排词语。出示与第二排词语有关的图，并让学生连一连。

③指名读第三排词语。这是吴冠中的上学经历。

（借助资料了解，"初小"一般指小学一至四年级，"高小"一般指小学的五至六年级。"师范"是指培养教师的学校。）

（3）梳理难忘的场景。

①读读文章的开头和结尾，你有什么发现？（学生交流）

教师描述：文章除了首尾是写梦醒的，中间部分全是写梦境。在这样的梦境中发生的一幕幕，有时间、地点、人物，还有活动，这就是场景。请同学们再读一读课文中的第二至第九自然段，看看在吴冠中的梦境中出现了哪些难忘的场景呢？请根据提示填一填。（出示图片）

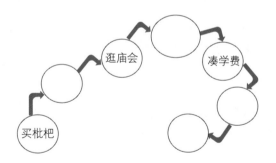

②请你学着老师的样子，根据文中描写的顺序，用列小标题的形式梳理场景。

③师生合作，梳理出主要的几个场景。（出示图片）

三、深入阅读，体会父爱

（1）作者吴冠中通过描写这些场景，让读者来感受父亲对他的爱。每一个场景中都有很多的细节，而细节最能传达父爱。现在请你读一读"买枇杷""住旅店"这两个场景，找出最能打动你的细节。

（2）学生交流自己找到的细节之处：

朦胧中，父亲和母亲在半夜起来给蚕宝宝添桑叶……

有一次，父亲同我住了一间最便宜的小客栈，半夜我被臭虫咬醒，身上都是被咬的大红疙瘩。父亲心疼极了，叫来茶房，掀开席子让他看满床乱爬的臭虫和我身上的疙瘩。

……

借助这些细节，你想到了什么样的画面？从中，你体会到了怎样的情感呢？

预设：

◎我想到了昏暗的灯光下，父母照顾蚕宝宝忙碌的身影。我体会到了父母的辛劳。

◎我想到了父亲看到作者身上的红疙瘩时，那种心疼的表情。父亲根本不管自己身上有没有被咬到，看到儿子身上被咬，十分舍不得。

（3）现在，请同学们再回忆一下这两个场景：父母半夜起来时，文中的"我"在干什么；父亲挣钱很艰难，但面对"我"身上的红疙瘩，茶房建议加点儿钱换个较好的房间时，却动心了。

这样对比着读一读，用几句话写下你的感受。（师生交流）

教师总结学习方法：同学们，刚才我们通过"三步阅读法"来细读文章：一是读场景，找细节；二是想画面，说情感；三是找对比，写感受。现在，请你们用这样的学习方法来选择自己印象最深的一处场景，进行小组合作、自主学习。

（4）学生分成小组，自主学习，体会不同场景、细节中蕴含的情感，并能用恰当的语言表达自己的感受。

逛庙会

（1）说一说最能打动自己的细节描写。

出示课文第四自然段：

恍恍惚惚我又置身于两年一度的庙会中，能去看看这盛大的节日的确是无比的快乐，我高兴极了。我看各样彩排着的戏人边走边唱，看踩高跷走路，看虾兵、蚌精、牛头、马面……人山人海，卖小吃的挤得密密层层，各式各样的糖果点心、鸡鸭鱼肉都有。我和父亲都饿了，我多馋啊！但不敢，也不忍心叫父亲买。父亲从家里带了粽子，找个偏僻的地方，父子俩坐下吃凉粽子。吃完粽子，父亲觉得我太委屈了，领我到小摊上吃了碗热豆腐脑，我叫他也吃，他就是不吃。卖玩意儿的也不少，彩色的纸风车、布老虎、泥人、竹制的花蛇……虽然不可能花钱买玩意儿，但父亲很理解我那恋恋不舍的心思，回家后他用几片玻璃和彩色纸屑等糊了一个万花筒，这便是我童年唯一的也是最珍贵的玩具了。万花筒里那千变万化的图案花样，是我最早的抽象美的启迪者吧！

学生交流打动自己的细节。

（2）读了这些细节描写，你仿佛看到了什么画面？

预设：

◎我仿佛看到了庙会上人山人海，特别热闹。

◎我仿佛看到了作者特别想买东西吃的样子，但是他又拼命地忍住了。

（3）找对比，写感受。

出示句子：

恍恍惚惚我又置身于两年一度的庙会中，能去看看这盛大的节日的确是无比的快乐，我高兴极了。

父亲从家里带了粽子，找个偏僻的地方，父子俩坐下吃凉粽子。

在这两句话中，你找到对比了吗？从中，你感受到了什么？请你写在文中这两个句子的旁边。

预设：

◎盛大的节日 vs 偏僻的地方

◎凉粽子 vs 热豆腐脑

◎不可能花钱买玩意儿 vs 最珍贵的玩具

背上学

··

（1）读场景，找细节。

出示课文第五自然段：

　　父亲经常说要我念好书，最好将来到外面当个教员，所以我从来不缺课，不逃学。读初小的时候，遇上大雨大雪天，路滑难走，父亲便背着我上学。我背着书包伏在他背上，双手撑起一把结结实实的大黄油布雨伞。他扎紧裤脚，穿一双深筒钉鞋，将棉袍的下半截撩起扎在腰里，腰里那条极长的粉绿色丝绸汗巾可以围腰两三圈，那还是母亲出嫁时的陪嫁呢。

　　预设小组汇报交流：

◎我们小组找到的细节描写是这部分：

　　我背着书包伏在他背上，双手撑起一把结结实实的大黄油布雨伞。

◎我们找到的细节描写是：

　　他扎紧裤脚，穿一双深筒钉鞋，将棉袍的下半截撩起扎在腰里，腰里那条极长的粉绿色丝绸汗巾可以围腰两三圈，那还是母亲出嫁时的陪嫁呢。

◎我们找到的是：

　　读初小的时候，遇上大雨大雪天，路滑难走，父亲便背着我上学。

（2）想画面，说情感。

预设：

◎我仿佛看到了大雨大雪天，父亲背着我前行的画面。我从中体会到文中的父亲非常关心儿子，也对儿子的未来充满期待。

◎我仿佛看到了父亲扎紧裤脚，穿着深筒钉鞋的模样，他的穿着很土气，但是对儿子的爱，跟别的父亲比起来，一点儿也不逊色。

（3）找对比，写感受。

预设学生找到的对比。

凑学费

重点交流不一样的"哭"。（出示下图）

$$
\text{第一次真正心酸的哭}
\begin{cases}
\text{撒娇的哭} \\
\text{发脾气的哭} \\
\text{打架的哭} \\
\cdots\cdots
\end{cases}
$$

（1）"这是我第一次真正心酸的哭"，从中你感受到了什么？

（2）如果你就是当时的吴冠中，我想采访你：

◎你为什么哭？

◎你此时的"心酸的哭"与"撒娇的哭、发脾气的哭、打架的哭"究竟有什么不一样？

◎你从中尝到的"新滋味"究竟是怎样的滋味？

夜行船

教师描述：在家境如此困难的情况下，父亲仍全心供"我"上学。"我"无以回报，唯一的法宝就是考试。我们来交流一下"夜行船"这个场景。

（1）从这个场景中，你看到了怎样的对比？

（2）读了这个场景，你从中感受到了什么？

（学生交流阅读成果，并引导学生带着自己的感受朗读这个部分。）

预设：

◎轮换摇橹 vs 小舱睡觉。

◎从中感受到"我"虽然在小舱中睡觉，但睡不好，因为"我"感受到父亲的不容易、生活的不容易、求学的不容易。

缝棉被

（1）重点引导找出场景中的对比。

"破旧的篷"与"精致的乌篷"形成对比，从中感受到破旧的篷对"我"而言，是多么亲切，充满了父爱。

（2）讨论：你觉得作者能画出这只小船吗？为什么？

教师描述：虽然父亲送"我"去上学的船上，盖的只是破旧的篷，远比不上绍兴的乌篷船精致，但这艘小渔船仍然是那么亲切，那么难忘……"我"什么时候能够用自己手中的笔，把那只载着父爱的小船画出来就好了！

同桌之间展开讨论：作者能画出这只小船吗？为什么？

预设一：能画出。文章中出现了多处描写小船的场景。

预设二：不能画出。小船承载着太多的父爱，是画不出来的……（答案只要言之有理即可）

（3）小练笔：如果给你一支画笔，在这只载着父爱的小船里你会画出什么？

四、拓展延伸，升华父爱

（1）体会题目的含义：学到这里，你知道为什么作者以"父爱之舟"为题了吗？

预设一：这只小船既承载着父亲对"我"的期望和深沉的爱，也承载了"我"对父亲的感激。

预设二："父爱之舟"是全文的线索，父亲总是用这艘小船送我读书、考学。小船在文中反复出现，串联了全文内容。

（2）出示情节图，教师引读。

教师描述："是昨天梦中的经历吧，我刚刚梦醒"，那一幕幕场景在我眼前浮现：

父亲养蚕卖茧给"我"——买枇杷；

父亲心疼"我"被虫咬——住旅店；

父亲领"我"去吃热豆腐脑——逛庙会；

遇上大雨大雪天，父亲便——背"我"上学；

"我"考上了鹅山高小，父亲变卖各种东西，为"我"——凑学费；

"我"去报考无锡师范，时值暑天，为了避免炎热，父亲便带着"我"——夜行船；

"我"考取了无锡师范，父亲送"我"去上学，不摇橹的时候，便抓紧时间为"我"——缝棉被。

教师小结:"我"怎能不被这深沉的父爱打动了。难怪——"醒来,枕边一片湿。"

五、板书设计

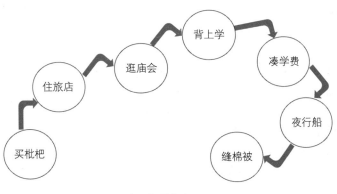

父爱之舟

《四季之美》 教学实录	执教: 邵龙霞工作室成员沈在梅 2020 年 8 月 评析: 邵龙霞

· 教学目标 ·

1. 初读课文,感知课文的结构美、修饰美、情趣美。
2. 学习作者怎样将常见的事物写得有情趣。

学习作者怎样将常见的事物写得有情趣。

一、课前谈话，隐射新知

师：一会上课了，上课之前咱们先聊聊吧。知道我们今天学什么吗？

生：四季之美。

师：是的，黑板上、PPT 上写得很清楚，做好准备了吗？你做了哪些准备？

生：预习。

师：说得很概括，具体做了什么？

生：读。

师：你真是惜字如金。他说读，你呢，你做了什么？

生：理解了生词。

生：做笔记。

师：把预习的收获和疑问记录下来，看来你是一位学习高手，我记住你了。刚才这一列的同学，他们都做了预习，做的都是学习的内在准备。同学们现在坐得很端正，很笔直，坐直了提气，这也是一种准备。再看看同学们的书、文具，都已经准备好了，这些是形式上的、外在的准备。其实不管是形式上的还是内容上的准备，沈老师认为都很重要，就像一个人，他的美也是由外到内的。在你的审美中，你觉得一个人很美，这个人得有什么？

生：好的素质。

师：好，你说的是内在的。还有吗？

生：得体的衣着。

生：身材要好。

师：身材好，这是一个人给别人的第一印象。（板书：身材）

生：好看的妆容。

生：妆容还要恰到好处，浓妆不行。

师：适当的修饰，锦上添花。（板书：修饰）

生：与别人交往要不卑不亢。

生：谦逊有素质。

生：说话要得体。

师：同学们都很重视内涵，内涵的确很重要。（板书：内涵）

师：我来小结一下咱们刚才的交流：一个人好看，首先得有好的身材，身材管理很重要，有了好的身材之后，如果衣着得体一点、妆容再好看一点，就更好了，所以必要的修饰也是很重要的。同学们都有这样的体会。大家喜不喜欢穿新衣服啊？

生：喜欢。

师：除此之外就是同学们说的素质、谈吐等。从外在到内涵，一个人是这样，好文章也是如此。

【评析】课前谈话既活跃了课堂气氛，拉近了师生的距离，也有效地从"人"的美过渡到文章之美，让学生体会到外在与内涵兼修，内容与形式相得益彰才能更好地展现出一种美好的意味。

二、检查预习，引出主问题

师：这节课我们学习一篇散文，齐读题目。

生：（齐）四季之美。（指板书）

师：它的作者是——

生：（齐）清少纳言。（指板书）

师：课前老师布置了让同学们预习的任务，请打开预学单。第一个问题：课文按照春、夏、秋、冬的顺序分别写了哪些事物？春天写了——

生：天空、红晕、彩云。

师：我们把他说的这些概括一下，叫作"天色"。（板书）

[师生依次交流，相机板书：（夏天）萤火虫，（秋天）归鸦 大雁风声 虫鸣，（冬天）炭火。]

师：第二个问题：读完课文后，你最直接的感受是什么？用一句话或一个词来概括一下。

生：日月更替，四季轮换，给人带来的感觉也有差异，但不变的是我们对自然，对生命的热爱。

师：你的表达很完整。如果让你从刚才的这一句完整的表达中，挑一个最关键的词来表达你的感受，你会选什么？

生：热爱生命。

师：好，继续交流——

生：迷人的四季。

师：好的，老师听到了两个关键词。还有吗？你来说。

生：心旷神怡。

生：作者的表达有情趣，很好玩。

生：有意思。

生：美。

师：不同的人读课文感受都不尽相同，但我们会有共同的感觉，那就是课文很有意思、很好玩、很美。从刚才同学们的回答中，我们要挑一个关键词写下来，你会选择写什么？

生：美。

师：好吧，听你的。（板书：美）

师：我们来看看作者清少纳言写了哪些事物，一起读一读。（指板书）

生：天色、萤火虫、归鸦、大雁、风声、虫鸣、炭火。

师：这些事物在我们的生活中，是特别的还是常见的？

生：（齐）常见的。

师：这么常见的事物作者却能写得这么美，她是怎样做到的呢？请同学们打开书。快速读一遍课文，说说你的发现。

【评析】在这个部分的教学中，沈老师首先借助"课文按照春、夏、秋、冬的顺序分别写了哪些事物"这个问题，帮助学生大概梳理了一下课文内容；接着，沈老师又让学生说一说读完整篇文章最直接的感受，珍视学生的阅读初感。学生的阅读初感往往是教师下一步教学的起点。学生初读文章后，都感受到了"美"，教师顺势抛出本节课的一个主要问题："这么常见的事物作者却能写得这么美，她是怎样做到的呢？"由此，激发起学生进一步学习的兴趣。

三、读到文章身材美——句式结构

师：请说说你的发现。

生：我发现每个自然段的开头都在为后面的内容作铺垫。

师：也就是说，每个自然段的第一句吸引了你的注意。你发现第一句有什么特点？

生：为后面句子作铺垫。

师：作铺垫——这个说法不太合适，但你的意思沈老师能明白。同学们，你们能明白吗？他的意思是什么？

生：第一句话都是中心句。

生：课文共有四个自然段，每个自然段的第一句话都是段落的中心句。

师：你的表达清楚又明了。（拿板贴，生读，贴）我们一起读一读这四句话——

生：春天最美是黎明。

生：夏天最美是夜晚。

生：秋天最美是黄昏。

生：冬天最美是早晨。

师：大家看，这四个中心句都是"哪个季节最美是什么"这样的句式，也就是说，这四个中心句的什么相同？

生：格式。

师：准确地说，叫——句式。（板书）除了句式相同，你还有别的发现吗？

生：这四段话都是总分结构。

生：结构相同。

师：句式相同，结构也相同。（板书：结构）再看每个自然段的长短——

生：每个自然段都是五行左右。

生：长短差不多。

师：同学们，你们看，像这样句式相同、结构相同、长短相似，这样的结构就很匀称，匀称就是一种——美。

【评析】此部分的教学从"找相同"入手，带着孩子们一步步去发现每个自然段的第一句话都是中心句，且句式相同；每个自然段的构段方式相同；每个自然段的长短相似。由此，让孩子们感受到文章的形式美。

四、读见文章妆容美——修饰词语

师：仅仅是结构美还不够，我们还要给文章"化一下妆"。在你的经验中，给课文化妆用什么？

生：优美的句子。

生：修辞手法。

生：各种各样的词语。

生：生动的对话描写。

师：是的，像这样的方法有很多。今天我们就学习怎样用词语来给课文化妆。（出示：乌鸦）读——

生：（齐）乌鸦。

师：美不美？

生：不美。

师：我们给它化第一个妆。（出示：归鸦）读——

生：归鸦。

师：什么感觉？

生：有点美。

师：归鸦是什么状态下的乌鸦？

生：回家的乌鸦。

师：你看，作者把乌鸦当成了——

生：人！

师：是不是就有点人情味了呀，有点美了？还不够，再给它化一个妆。（出示：点点归鸦）读——

生：点点归鸦。

师：天空中三两只，四五只，三五成群的乌鸦往巢的方向飞去了，那是它们的家，让你感觉，似乎——

生：这些乌鸦很有趣。

生：这些乌鸦很爱家。

生：它们就像人一样。

师：每当夕阳西下——地上，上班的大人们、放学的我们往家的方向赶去；天空中，三五成群的归鸦也往家的方向赶去，是不是就有了一点诗意？

师：我们来回顾一下，从"乌鸦"这种不美的表达到"点点归鸦"这样诗意的表达，用了什么方法？

生：叠词。

师：叠词可以让不美的变得美一点，让美的变得更美。（板书：叠词）因为叠词读起来就透着一种喜欢，就像很多家长给孩子起名字的时候，都喜欢用叠词。咱们班的同学有叠词的名字吗？

生：陈谦谦！

师：陈谦谦起立，我们一起来叫她的名字——

生：（齐）陈谦谦！

师：虽然是一个女孩子，但谦谦君子，温润如玉，别人叫你名字的时候也就表达了一种喜欢。像这样的词课文中还有很多，我们再来看。（出示：微微的红晕）读——

生：微微的红晕。

师："晕"是多音字，一读 yūn，头晕、晕头转向，在这篇课文中，它读——

生：（齐）yùn。

生：红晕。

生：晕车。

师：晕，读音有 yūn、yùn。这个字最初在商代甲骨文中记载（出示"晕"的古文字），它的古文字像太阳周围的光圈，也就是日晕。因为"晕"模糊不清，由此引申为泛指发光物体周围的光圈或色泽、光影四周的模糊部分，如红晕。"晕"也表示昏迷或发晕，此时便读 yūn。

师：红晕一般在什么时候、什么地方能看到？

生：脸上。

师：什么时候我们脸上会有红晕？

生：害羞。

师：还有——

生：紧张。

生：热。

生：尴尬。

师：是的，害羞、紧张、尴尬、激动的时候，我们脸上都会有红晕，美不美？

师：在它前面加上"微微的"这样的词，这个红晕就不那么浓，也不那么淡，微微的感觉，刚刚好。咱们一起把这种颜色的美读出来。

生：（齐）微微的红晕。

师：课文中还有很多这样的叠词，快速搜索一下，按顺序说。

生：红紫红紫的彩云。

师：什么感觉？

生：很漂亮。

师：你来读出它的漂亮。（生读）就像这样，我们一人一个继续往下找。

生：漆黑漆黑的暗夜。（出示）

师：什么样的夜叫暗夜？

生：感觉什么都看不见。

师：暗夜前面加了"漆黑漆黑的"，什么感觉？

生：感觉夜变得更加黑了，这样黑的夜晚给了我们无限的想象。

师：继续，下一个是什么？

生：翩翩飞舞。

师：说说你的感觉。

生：我感觉特别美，美得有姿态。

师：你的表达也有你独特的姿态。同学们，把"飞"说成"飞舞"，本来就很美了，再变成"翩翩飞舞"，好像美得还特别有——

生：特别有意境。

生：美得特别诗意。

生：有格调。

师：这么有意境的表达，读吧。（生读）

生：蒙蒙细雨的夜晚。（出示）

师：这是怎样的雨呢？润如酥的细雨，如牛毛、如花针的细雨，蒙蒙的细雨，给你什么感觉？

生：雨下得很密。

师：多又密，而且——

生：就像雾一样。

生：会小到让人感觉不到。

师：雾蒙蒙的感觉是不是？一起读一读这种"蒙蒙细雨"的感觉。

（生读）

生：熊熊的炭火。

生：这个词给人感觉特别温暖。

生：有了熊熊的炭火，冬天就不那么冷了，就像夏天有了丝丝的凉风一样。

师：你会联想，更会表达。冬天寒风凛冽的清晨，有炭火来暖身，而且这个是什么样的炭火呢？

生：熊熊燃烧的炭火。

师：加上"熊熊的"就透出更加暖和的感觉。

师：同学们，你们看，我们在事物的前面加上叠词就能让词语变得更美了。一位高明的作家，她用词语给课文化妆绝不止一种方法。同学们继续看。（出示：凛冽的清晨，"凛冽"标拼音。）读——

生：凛冽的清晨。

师：老师给"凛冽"这两个字加了拼音，你有什么发现？

生：这两个字的声母都是l。

师：像这样声母相同的词语，叫作"双声词"。（出示）还有，读——（出示：朦胧的微光，"朦胧"标拼音。生读。）观察一下"朦胧"的韵母。

生：很相似。

师：在古语里，后鼻韵母"eng"和"ong"是一样的，所以我们把韵母相同或相似的词叫作"叠韵"。叠韵和双声是汉语里面的声韵现象，在古诗和对联中见得比较多。运用叠韵和双声，可以增强语言的节奏感和音韵美。（板书：双声、叠韵）

师：除了用叠词、双声和叠韵这样的方法给课文化妆之外，还有一些成语运用得也很贴切。我们读课文的时候要学会关注这样一些美好的词语，这样就感觉跟作者在一起了。（指板书）同学们，课文仅仅有好的结构、好的修饰就美了吗？还得有好的——

生：内涵。

【评析】在这个部分的教学中，沈老师带着孩子们真正回到文本之中，用朗读、比较、想象等方法，带领孩子们发现多运用叠词、双声和叠韵这样的词语，能够更好地修饰文章，给文章增添美感。

五、读懂文章内涵美——表达情趣

师：古人写四季都写什么呢？这两句诗能给大家解释，大家一起读一下吧。（出示：春有百花秋有月，夏有凉风冬有雪。）

生：（齐）春有百花秋有月，夏有凉风冬有雪。

师：古人写春天会写——

生：百花。

师：秋天会写——

生：月。

师：夏天——

生：凉风。

师：冬天——

生：雪。

师：我们看看作者清少纳言的四季分别写了什么？春天写了——

生：天色。

师：夏天——

生：萤火虫。

师：秋天——

生：归鸦、大雁、风声、虫鸣。

师：冬天——

生：炭火。

师：再看看清少纳言写这些事物的时候，我们在干什么？春天的黎明，咱们在干什么？

生：（齐）睡觉。

师：舒服又惬意！夏天的夜晚呢？答案不能统一，举手，各抒己见。

生：看电视。

师：嗯，适当的放松也是必要的。

生：散步。

师：挺好的，饭后百步走。

生：泡澡。

师：洗澡，褪去一天的疲乏。秋天的黄昏呢？

生：在饭店吃饭。

师：吃饭是美的享受。

生：打羽毛球。

师：适度运动，增强体能。

师：冬天的早晨呢？

生：刷牙、洗脸、吃早饭、去上学。

师：我们发现别人都写的，清少纳言不写。这些被我们忽略的事物，她来写，这就是高明作家的高明之处。我们来走进课文，同学们自由读一读，把你觉得很有意思、读来眼前一亮的句子画下来，并用"有意思的是……"这样的句式写批注，然后再四人小组交流一下，丰富自己的阅读感受。时间为三分钟，大家读起来。

师：（三分钟时间到）同学们放下笔，大家文思如泉，可能还没写完，心里有就行，咱们来交流一下。

生：我觉得有意思的是第二自然段（读第二自然段）。"蒙蒙细雨""朦胧的微光"，写出了夏夜萤火虫飞舞时非常漂亮，暗夜和萤火虫形成对比，展现了夏夜的浪漫与迷人。

师：你读得细致，有自己独特的体会。他说的这部分大家有同样的感受吗？读吧，孩子。

（生有感情地读第二自然段）

师：同学们，假如夏天的夜晚是幅画，如果没有了萤火虫，这幅画会是怎样的感觉？

生：很黑，没有光。

生：很寂静，一点声音都没有。

生：像一潭死水，没有生机。

师：有了萤火虫之后，这个画面突然就——

生：美起来了。

生：动起来了。

生：有意思了。

生：有了生命的活力。

师：同学们说得真好，这里静态的景物加上动态的萤火虫，让这幅画，也让夏天的夜晚变得更加美，更加富有灵性和生机，就像这位同学说的那样——更有生命力！同学们，你们看，这就是静态描写加上动态描写的好处，这种写作方法叫作——动静结合。（板书：动静结合）

师：继续交流。

生：我觉得有意思的是第三自然段（读第三自然段）。作者写成群结队的大雁，我读起来感觉就是在写人，"比翼而飞"这个词就像相亲相爱的一家人一起努力、一起向上的样子。

师：还有谁觉得这句话有意思？

生：这群大雁就像一家人一样，它们相互鼓劲，谁也不掉队，它们都朝着共同的目标在前进。

师：你们的感受，沈老师非常认同。课文明明写的是大雁，却让我们分明感觉到它们就是大地上千千万万个家庭，这样的表达，让我们更加感觉有人情的味道。聊到大雁，这段话中另一个有灵性的小动物——乌鸦，我们好像不得不说一下。这部分，谁觉得有意思？

生：我觉得有意思的是点点归鸦朝窠里飞，飞得"急急匆匆"的，就像人一样，好像和我们一样，天要黑了，要赶紧回家了。

生：也可能往回飞的是已经做父母的乌鸦们，因为它们幼小的孩子独自在家，所以它们都"急急匆匆"的。

师：刚才这两位同学都关注到了"急急匆匆"这个词，我们想一想，它们可能着急着回去干什么呢？

生：已经一整天没看到自己的孩子，它们想孩子了。

师：看来不管是动物还是人，只要做了父母，心思都是一样的。

生：它们得赶快把叼在嘴里的虫子送回家给孩子们吃，晚了就不新鲜了。当然，也可能是已经长大的乌鸦把食物带回去给年老的父母吃。

师：听了你的感受我想到了两个成语——"羔羊跪乳""乌鸦反哺"。同学们，动物界和人类就是这样出奇地统一，乌鸦和大雁这部分的描写让我们感觉到就是那样急急匆匆归家的家长、知恩图报的子女，就是那样比翼而飞、齐头并进的人们——相亲相爱、和谐地在一起。读一读这样美好的句子。

（生齐读）

师：同学们把自己的感受融入到朗读中了，真好。继续交流。

生：我觉得第一自然段的描写很有意思，"微微的红晕"一词让我感觉天空就是人，腼腆又害羞。作者运用叠词，把天空写得形象、生动。

师：我认同你的说法，这就是叠词的妙处。这里除了"微微的红晕"，作者还说到了哪几种颜色？咱们来看，读一读。

生：鱼肚色、微微的红晕、红紫红紫。

师：大家发现这些词语所表达的颜色的特点了吗？

生："鱼肚色"颜色最浅，接近白色；"微微的红晕"颜色深一点；"红紫红紫"颜色最深，红得都发紫了。

师：也就是说，颜色在——

生：颜色在变化，而且越来越深。（板书：变化）

师：变化的仅仅是颜色吗？

生：表现颜色的动词也在变化，作者用了三个动词"泛着""染上"和"飘着"。

师：给你点赞，这是一个伟大的发现。从"泛着"到"染上"再到"飘着"，这三个都是动词，但是使用的又不一样，都在变化。它们有区别吗？

生："泛着"这个词我是这么理解的：就像我们脸上白里泛着红，"红"是从"白"里透出来的，所以我感觉"泛着"就是从里到外透出来的意思。

师：用生活中的经验来理解新知，这是我们常用的好方法，值得推广。那"染上"呢？

生："染上"跟刚才那位同学说的正好相反，"染上"是从外向内。平时我们生活中经常用到"染上"，比如染头发，就是给头发覆盖上新的颜色。

师：我小结一下这两位同学的回答："泛着"是指由内向外，"染上"是由外向内。"飘着"呢，我也能理解了，"飘着红紫红紫的彩云"就是彩云很自由地在空中浮游。这三个不一样的动词，让表达如此准确而又贴切，作者清少纳言真是一位斟词酌句的高手。这么美妙的表达，我们一定要读一读。

（生有感情地朗读）

师：最后一个自然段，你也没得选择了。有哪些人觉得这部分是有意思的？

生：有意思的是冬天的严寒与炭火形成鲜明的对比，不仅写出了冬晨的情趣，也看出了作者闲逸的心情。

师："逸"字的本意是野兔（板书：兔）逃走（板书：辶），我们在写这个字的时候可以默默地念一念这句话。由此，"逸"字可引申为散去、失去，在这里表示安闲、安乐的意思，此时"闲逸的心情"跟那个熊熊燃烧炭火的火盆是那么和谐。

生：本文的作者与别的作家不同，全文一直写的都是温暖、愉悦的心情，最后一句话突然写了扫兴的事情，我觉得有意思，但又有点不明白为什么要这样写？

师：同学们，我们一定要把最热烈的掌声送给这位同学。（掌声）沈老师跟你们一样，我也是这篇文章的读者，读到这个自然段的时候我特别不明白，就像刚才这位同学说的，课文一直表现的是温暖、和谐、齐头并进、积极向上的画风，到这里陡然一转——"只是到了中午，寒气渐退，火盆里的火炭，大多变成了一堆白灰，这未免令人有点儿扫兴"，本来高高兴兴的，到这里变成了扫兴，叫人不畅快，可不可以把这句话去掉？

生：不能。

师：说说你的感觉。

生：这里的扫兴更突出了作者前面的心情很好。现在有多扫兴，前面就有多美好。

师：刚才那位同学会问，你会答，你们是一对"金牌搭档"。

生：作者用一个"扫兴"更加能衬托出炭火的温暖。到了寒冷的冬天、凛冽的清晨，我们都希望暖和一点，所以对"熊熊炭火"带来的温暖就无限向往。

师：燃烧着炭火的火盆是我们向往的，到了中午，虽然炭火变成了白灰，虽然让我们扫兴，但是我们回忆起有温暖炭火的那个凛冽的清晨好像就不那么冷了，这样写就更加衬托了作者对炭火的喜欢。

【评析】在这部分的教学中，沈老师带着孩子们深入地发现作家的高明之处：首先是别人都写的，她不写；别人忽略的，她来写。其次是作者在静态的画面中插入动态描写，动静结合，增添了文字的灵动感。另外，作者特别高明的地方莫过于对景物的描写加入了情趣，使景物洋溢着人情美。学习过程中，孩子们在品读中感受文字带来的美好画面，也不断收获着发现表达秘诀的快乐。

六、读出背后"那个人"

师：同学们，这篇课文有好的结构、好的修饰、好的内涵（指板书）。作者到底是一个怎样的人才能写出这样的文章？

生：善于观察。

师：说理由。

生：因为她写到了天空"染上微微的红晕""飘着红紫红紫的彩云"，这些虽然是普通的景物，但不是每一个人都能观察到的，而且她还写出了变化。

师：是的，只有善于观察的人才能捕捉到这些细微的变化。

生：生活经验很丰富的人。

师：有经历，有生活。

生：读许多书的人。

师：是的，你们两个说的是很重要的两点：有丰富的生活经验，又读了很多书，这是一位有阅读、有阅历的作者。

生：我觉得她一定经常写，写作经验也很重要。

师：同学们，你们说得都很好。作者清少纳言，是日本平安时期的一个侍卫官。"清"是她的姓，"少纳言"是她的官职。她出生在一个书香世家，汉学修养非常丰富，我们来看她的作家卡片。（出示：她是一个有趣的人，生活中极为常见的一草一木、一虫一鸣，她都能写出情趣来，被誉为"日本散文的鼻祖"。）

（生齐读）

师：学完课文，读了清少纳言的其他作品之后，你对她的认识会更加丰富，也会更加立体。老师向大家推荐一本书——《枕草子》，我们今天学的《四季之美》就选自这本书的第一篇。看到这本书名中的"枕"字，大家首先想到的是——枕头，"草子"是一个小册子的意思，就是说这本书是放在枕边来读的，读后可以带着愉悦的、闲逸的心情去入眠。如果你喜欢，也可以买来读一读。

今天的课就上到这儿，下课。

·第二节·教材外的散文诵读课教学案例·

《对一朵花微笑》
教学设计

·教学目标·

（1）能正确、流利地诵读文章，达到熟读成诵。

（2）借助诵读，体会作家对大自然的深情。

四年级。

借助诵读，体会作家对大自然的深情。

一、激趣导入，读出画面

（1）出示各种花朵的图片，让学生说说这些花带给他们的感觉。

（2）这些花花草草又带给作家刘亮程怎样的感受呢？今天，我们就一起来诵读他的一段文字。这段文字节选自刘亮程的散文《对一朵花微笑》。先自由地读一读，争取读正确，读流利。

（学生自由读，教师指名读。）

（3）引导学生用两个字概括每一自然段，并说一说自己透过文字看到的画面。

预设：花开、草笑、"我"笑。

（4）思考：这几个自然段能随意调换顺序吗？小组朗读，互相交流看法。

教师简单点拨：作者的排列有他自己的路线图。先写花开，再写花笑，从全景图到特写镜头，从模糊到清晰，就好像那一滩草从远处慢慢走来，让我们逐渐看清它的样子。

二、围绕"笑"，读出味道

（1）如果我们把这几个自然段读成一个字，你认为是哪个字？（笑）

（2）关于"笑"的词语，你知道哪些？（学生例举含有笑的词语）

（3）这段文字中写到了哪几种笑？（学生找出写笑的词语）

（4）出示片段：

有的哈哈大笑，有的半掩芳唇，忍俊不禁。靠近我身边的两朵，一朵面朝我，张开薄薄的粉红花瓣，似有吟吟笑声入耳；另一朵则扭头掩面，仍不能遮住笑颜。

这段文字重点写了花的四种"笑"。（指名读）

（5）从它们不同的笑中，猜一猜这些花有着怎样不同的性格？

预设：豪放、害羞、可爱、调皮……

（6）找四名学生读，每人读一种笑，读出它们不同的特点。

（7）邵老师把笑的不同形态隐藏起来了，你还会读吗？（镂空读）

有的，有的，靠近我身边的两朵，一朵面朝我，张开薄薄的粉红花瓣，似有；另一朵则，仍不能。

（8）是什么原因使得这些花笑得前仰后合？找出文中的句子回答。

（9）出示第二自然段第一句话：

我正躺在山坡上想事情。是否我想的事情——一个人在脑中的奇怪想法让草觉得好笑，在微风中笑得前仰后合。

谁来读一读这句？

（10）现在请你站在一朵花的角度想一想，文中的"我"，脑中哪些奇怪的想法让草觉得好笑？（结合作者的生活片段让学生猜一猜）

出示作者的生活片段：

我活得太严肃，呆板的脸似乎对生存已经麻木……

人埋在自己的事情里，埋得暗无天日。

草木会不会等到我出人头地的一天。

……

（学生再读）

（11）看到花笑，"我"不禁也笑了起来。

出示：

我禁不住也笑了起来。先是微笑，继而哈哈大笑。

（12）指名读，提醒学生读出笑的变化。

三、紧扣题目，读出情感

（1）这篇文章的题目是《对一朵花微笑》，是谁对一朵花微笑？（是"我"这个人对一朵花微笑）

文中写"我笑"多还是写"花笑"多？找一找写"花笑"和"我笑"的句子。（写"花笑"的句子多）

（2）你看出了什么？

教师适当点拨：作者特别喜欢花，花跟人一样有思想、有情感。这既是人的世界，也是草的世界、花的世界。

（3）现在，让我们在音乐声中，听邵老师读读这段文字，让我们静静地感受这诗意美好的画面。

（4）想读吗？老师也为你们配上音乐，读一读。（生配乐读）

（5）教师介绍作者：刘亮程，出生于一个小小的村庄。长大后，他放过羊、种过地。在他的笔下，一头牛、一株草、一只蚂蚁，都是他重点描述的对象。他对这些细小的事物充满深情，并且总能从它们身上看出一些不同寻常的意义。所以，有人称刘亮程为"自然之子""乡村哲学家"。

课后，有兴趣的同学可以去读一读整篇文章，也可以读一读他的散文集《一个人的村庄》。

附：

对一朵花微笑（节选）
刘亮程

我一回头，身后的草全开花了，一大片。好像谁说了一个笑话，把一滩草惹笑了。

我正躺在山坡上想事情。是否我想的事情——一个人在脑中的奇怪想法让草觉得好笑，在微风中笑得前仰后合。有的哈哈大笑，有的半掩芳唇，忍俊不禁。靠近我身边的两朵，一朵面朝我，张开薄薄的粉红花瓣，似有吟吟笑声入耳；另一朵则扭头掩面，仍不能遮住笑颜。我禁不住也笑了起来。先是微笑，继而哈哈大笑。

这是我第一次在荒野中，一个人笑出声来。

·第三节·教材外的散文赏读课教学案例·

> ### 《夹竹桃》
> ### 教学设计

·教学目标·

（1）品读作者描写夹竹桃的句子，感受作者文字的美妙。

（2）体会夹竹桃的可贵韧性和带给作者的种种幻想，培养学生的审美情趣。

·教学对象·

六年级。

·教学重点·

体会夹竹桃的可贵韧性和花影迷离所带给作者的种种幻想，培养学生的审美情趣。

一、激趣导入，整体感知

（1）作者季羡林被人称为"夹竹桃的知己"，说夹竹桃是他最值得留恋、最值得回忆的花。今天，我们就来读一读他的一篇散文《夹竹桃》。

（2）请大家自己读一读这篇文章，然后说一说：作者爱上夹竹桃的原因是什么？

（3）师生交流，原因大概有三点：花色奇妙有趣、可贵韧性、引起幻想。

（4）了解这三个原因分别出现在文章的哪几个自然段。

二、品读花色奇妙、有趣

（1）花色奇妙、有趣在何处呢？（指名朗读第二、第三自然段）

（2）品读：

客人一走进大门，扑鼻的是一阵幽香，入目的是绿蜡似的叶子和红霞或白雪似的花朵，立刻就感觉到仿佛走进自己的家门口，大有宾至如归之感了。

读着这样的文字，你感受到了什么？

预设：我仿佛闻到了一阵阵的幽香，看到了绿蜡似的叶子，红霞似的花朵，还有白雪似的花朵。让人感觉奇妙的是：看到这样的夹竹桃，仿佛回到了自己的家。

（3）品读：

红色的花朵让我想到火，白色的花朵让我想到雪。火与雪是不相容的，但是，这两盆花却融洽地开在一起，宛如火上有雪，或雪上有火。我顾而乐之，小小的心灵里觉得十分奇妙，十分有趣。

读这样的文字，你感受到了怎样的奇妙、有趣呢？
预设：夹竹桃红得鲜艳，白得冰清，红白相映成趣，让人着迷、喜欢。

三、品读夹竹桃之韧性

（1）请同学们看这个"韧"字，它是形声字，从"韦"，"刃"声。"韦"在古代是"熟牛皮"的意思，由"韦"做偏旁的部首大多与"韧性"有关。由"韧性"一词，你想到了哪些词语？
预设：坚韧、不屈不挠、顽强不屈、坚忍不拔、柔韧……
（2）文章的哪一部分具体而又直接地描写了夹竹桃的不屈不挠、顽强不屈、坚忍不拔呢？让我们来欣赏一下夹竹桃的风姿，在心里感受它的美丽和韧性。（播放录像，配上第五自然段的朗读）
（3）请学生用一两句话说一说看完视频后的感受。
（4）夹竹桃的韧性究竟体现在哪里？默读第五自然段，画出有关的语句。
（5）读一读画出的词句，用自己的朗读来表现夹竹桃的韧性。
结合学生的朗读，品味三段话。（屏幕依次出示）

然而，在一墙之隔的大门内，夹竹桃却在那里静悄悄地一声不响，一朵花败了，又开出一朵；一嘟噜花黄了，又长出一嘟噜。

你听出了夹竹桃的韧性吗？从哪几个词语中听出来的？
预设：悄悄地、一声不响、又开出、又长出。

在和煦的春风里，在盛夏的暴雨里，在深秋的清冷里，看不出什么特别茂盛的时候，也看不出什么特别衰败的时候，无日不迎风弄姿。

◎"无日不迎风弄姿"是一个什么句式？（双重否定句。换句话说，就是每日都迎风弄姿。）

◎在夹竹桃迎风弄姿的每一天里，它经历了怎样的日子？（引导学生想象在和煦的春日、炎热的夏日、清冷的秋日，夹竹桃都会经历什么。）

◎用朗读推动学生的情感：

不论是酷暑还是冷秋，夹竹桃始终迎风弄姿。你来读这句。

不论是和风还是冷风，夹竹桃坚持昂首怒放。你也来读这句。

读着这样的句子，夹竹桃怎样的身姿留在了你的脑海里？（抗暴雨、沐和风、斗清冷……）不经历风雨，又怎见花的灿烂，让我们一起来读这一句。

从春天一直到秋天，从迎春花一直到玉簪花和菊花，无不奉陪。

指名读，提醒用声音来表达夹竹桃的韧性。

（6）不论春、夏、秋三季如何更替，夹竹桃始终如一，迎风绽放，谁再来读这一句？（屏幕出示）

从春天一直到秋天，从迎春花一直到玉簪花和菊花，无不奉陪。

（7）请同学说一说"无不奉陪"的意思。

结合下面问题讲解第四自然段：

①夹竹桃到底奉陪了谁呢？请大家自由地读课文的第四自然段，然后用一个词来形容作者院子里的花。（学生说出自己想到的词语）

②作者喜欢这些花吗？作者留恋这些花吗？（引导学生用文中的语句来说明）

③比起这些花，作者对夹竹桃又怀着怎样的情感？用一个字来概括。（板书：爱）

教师描述：一个"爱"字，包含的情意更深、更浓。

④谁能用下面的句式来赞美一下夹竹桃？（屏幕出示）

　　春天，夹竹桃奉陪着 ＿＿＿＿＿＿＿＿＿＿；夏天，夹竹桃奉陪着 ＿＿＿＿＿＿＿＿＿；秋天，夹竹桃奉陪着 ＿＿＿＿＿＿＿＿。多么 ＿＿＿＿＿＿＿＿ 的夹竹桃！

（8）作者家的院子里，一年三季，花开花落，唯独夹竹桃从春一直开到秋，它的默默无语，它的持之以恒，它的韧性，谁能不爱呢？让我们再深情地读一读课文的第五自然段。

四、品读夹竹桃带来的幻想

（1）夹竹桃的妙处还不止于韧性，作者特别喜欢月光下的夹竹桃。（屏幕出示月光下的夹竹桃及下面的文字，教师范读。）

　　你站在它下面，花朵是一团模糊；但是香气却毫不含糊，浓浓烈烈地从花枝上袭了下来。

（2）读着这样的文字，你感受到了什么？（花香让人陶醉。引导学生读出这样的感受。）

（3）这样的夜晚，这样的花香，这样的夹竹桃，更令身临其境的作者如痴如醉，浮想联翩，他幻想到了什么呢？（屏幕出示）

我幻想它是地图，它居然就是地图了。这一堆影子是亚洲，那一堆影子是非洲，中间空白的地方是大海。碰巧有几只小虫子爬过，这就是远渡重洋的海轮。我幻想它是水中的荇藻，我眼前就真的展现出一个小池塘。夜蛾飞过映在墙上的影子就是游鱼。我幻想它是一幅墨竹，我就真看到一幅画。微风乍起，叶影吹动，这一幅画竟变成活画了。

（4）指名读。

（5）作者不愧是语言学家，一张地图，一池荇藻，一幅墨竹，既寄托了自己的情思，又是那么的奇妙、形象。请大家选择自己最喜欢的一种幻想，美美地读一读，想想作者为什么这样想，并说说你喜欢的理由。

（6）邵老师读到这部分，也是思绪万千，仿佛看到了那婆娑的树影。我幻想它是一幅水乡美景图，它就真的是一幅图画了，这一堆影子是稻田，那一堆影子是果园，中间空白的部分是一条缓缓流淌的小溪吧。邵老师想了很多很多，也想得很远很远。

同学们，如果我们也沉浸在那样的月光下，陶醉在那片浓浓的花香里，看倒映在地上、墙上斑斑驳驳的树影，你会幻想到什么呢？给你们三分钟，写一写。

（屏幕显示月光、树影，配上轻音乐，学生动笔写话。）

我幻想 _____，

我幻想 ＿＿＿＿＿＿＿＿。

（7）师生交流。老师相机评价。

五、诠释夹竹桃之精神

（1）在作者的笔下，夹竹桃已不再是普通意义上的植物，它的片片绿叶流淌着缕缕诗情，它的朵朵鲜花饱蕴着点点浪漫，它在向我们诉说着坚韧与梦想，正因为它可贵的韧性以及它能带给人们许多的幻想，所以才开出了爱的花朵。板画如下：

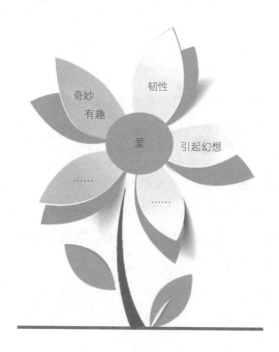

教师描述：作者深深地爱上了夹竹桃，相信我们在座的每一位同学也是无人不爱夹竹桃。一起有感情地朗读文章的最后一个自然段，读出你的喜爱之情。

（2）教师再读第一自然段：

夹竹桃不是名贵的花，也不是最美丽的花；但是，对我说来，它却是最值得留恋最值得回忆的花。

（3）学生再读最后一个自然段：

有这样的韧性，能这样引起我的幻想，我爱上了夹竹桃。

（4）在平凡的夹竹桃身上承载着作者浓浓的情意，花品即人品，正因为作者一生坚持不懈，善良真诚，所以他笔下的夹竹桃才会如此美丽、可爱。

（5）老师曾听过有关作者的一个真实的小故事：有一年秋天，北大新学期开学，一个外地来的学子背着大包小包走进了校园，实在太累了，就把包放在路边。这时正好一位老人走来，年轻学子就拜托老人替自己看一下包，自己则轻装去办理手续。老人爽快地答应了。近一个小时过去，学子归来，老人还在尽职尽责地看守着。学子谢过老人，两人分别。几日后北大举行开学典礼，这位年轻的学子惊讶地发现，主席台上就座的北大副校长季羡林，正是那一天替自己看行李的老人。

如果你是那位学子，你此时会想些什么？

（6）作者一直有这样的想法：一个人不一定要出名，但一定要做一个坚忍不拔的人。说到这里，你有没有发现生活中有什么样的人像什么样的花呢？（学生交流）

教师小结：花如人，人如花，愿岁月如花，生活如花。让夹竹桃永远绽放在我们的记忆里，让我们怀揣着夹竹桃般的韧性，携带着季老带给我们的种种遐思，去热爱生活，创造生活。

六、布置作业

（1）建议有兴趣的同学读一读季羡林的其他散文。

（2）选择自己最喜欢的一种花，画一画，并为它配上一首小诗或一篇短文。

附：

夹竹桃（节选）

季羡林

夹竹桃不是名贵的花，也不是最美丽的花；但是，对我说来，它却是最值得留恋最值得回忆的花。

不知道由于什么缘故，也不知道从什么时候起，在我故乡的那个城市里，几乎家家都种上几盆夹竹桃，而且都摆在大门内影壁墙下，正对着大门口。客人一走进大门，扑鼻的是一阵幽香，入目的是绿蜡似的叶子和红霞或白雪似的花朵，立刻就感觉到仿佛走进自己的家门口，大有宾至如归之感了。

我们家的大门内也有两盆，一盆红色的，一盆白色的。我小的时候，天天都要从这下面走出走进。红色的花朵让我想到火，白色的花朵让我想到雪。火与雪是不相容的，但是，这两盆花却融洽地开在一起，宛如火上有雪，或雪上有火。我顾而乐之，小小的心灵里觉得十分奇妙，十分有趣。

另有一墙之隔，转过影壁，就是院子。我们家里一向是喜欢花的，虽然没有什么非常名贵的花，但是常见的花却是应有尽有。每年春天，迎春花首先开出黄色的小花，报告春的消息。以后接着来的是桃花、杏花、海棠、榆叶梅、丁香等等，院子里开得花团锦簇。到了夏天，更是满院蕤蕤。凤仙花、石竹花、鸡冠花、五色梅、江西腊等等，五彩缤纷，美不胜收。夜来香的香气熏透了整个的夏夜的庭院，是我什么时候也不会忘记的。一到秋天，玉簪花带来凄清的寒意，菊花报告花事的结束。总之，一年三季，花开花落，没有间歇；情景虽美，变化亦多。

然而，在一墙之隔的大门内，夹竹桃却在那里静悄悄地一声不响，一朵花败了，又开出一朵；一嘟噜花黄了，又长出一嘟噜；在和煦的春风里，在盛夏的暴雨里，在深秋的清冷里，看不出什么特别茂盛的时候，也看不出什么特别衰败的时候，无日不迎风弄姿，从春天一直到秋天，从迎春花一直到玉簪花和菊花，无不奉陪。这一点韧性，同院子里那些花比起来，不是形成一个强烈的对照吗？

但是夹竹桃的妙处还不止于此。我特别喜欢月光下的夹竹桃。你站在它下面，花朵是一团模糊；但是香气却毫不含糊，浓浓烈烈地从花枝上袭了下来。它把影子投到墙上，叶影参差，花影迷离，可以引起我许多幻想。我幻想它是地图，它居然就是地图了。这一堆影子是亚洲，那一堆影子是非洲，中间空白的地方是大海。碰巧有几只小虫子爬过，这就是远渡重洋的海轮。我幻想它是水中的荇藻，我眼前就真的展现出一个小池塘。夜蛾飞过映在墙上的影子就是游鱼。我幻想它是一幅墨竹，我就真看到一幅画。微风乍起，叶影吹动，这一幅画竟变成活画了。

有这样的韧性，能这样引起我的幻想，我爱上了夹竹桃。

·第四节· 教材外的散文写作课教学案例·

> ### 《你一定会听见的》
> ### 教学实录

·教学目标·

1. 诵读课文，品味优美生动的语言，学习这篇散文描写声音的方法。

2. 引导学生关注生活，学会有选择地聆听，并能把自己听到的与感受到的声音用语言表达出来。

·教学对象·

五年级。

·教学重点·

学会如何倾听，并尝试把自己听到的和感受到的声音写下来。

·教学实录·

一、激趣引入，整体感知，让我们学会倾听

师：邵老师来考考你们，写个字给你们认一认。这个字有点难哦，是

一个繁体字。（板书：聽）

生：听。

师：不错。听，是我们认识世界的一个非常重要的方式。从这个"聽"的各个组成部分，你看出"听"需要用什么？

生：听需要用耳朵。

师：还有——

生：听还需要用心。

师：真会发现！听，还要用心。其实，在我们生活的周围，有很多声音，它们有的在空中，有的在地下，有的在水里。那么，我们怎么样才能听见这些声音呢？今天，我们一起来阅读一篇散文。大家齐读。（指屏幕上的课文标题）

生：（齐）你一定会听见的。

师：这是台湾女作家桂文亚的作品。课前读过的请举手。

（生举手）

师：真好。现在就请大家大致地浏览一下文章，看看对于如何去听，作者有什么建议。

师：关于听，作者有两句很精辟的话，找到了吗？

生：是第十自然段，"人有耳朵，听八方，加上眼睛，观四方。用心听，用心看，也用心想，构成了一个丰富奇妙的世界。"

（切换屏幕，显示该段内容。）

师：请坐。用心听，用心看，也用心想，你就会收获丰富，你就会获得奇妙。那我不用心听，会怎么样？书上有一个词，不用心听就是什么？

生：我认为应该是……麻木了。

师：不用心听，有一个成语，找到了没有？

生：找到了。

师：是什么？

生：充耳不闻。

师：不用心看呢？

生：视而不见。

师：充耳不闻，视而不见，会成为怎样的一个人？

生：麻木的人。

师：还有呢，会成为一个怎样的人？

生：没有感觉的人。

师：是呀，久而久之，他就会发不出自己的声音，只能别人说什么，他就说什么了。那么是不是什么声音你都应该去听呢？

生：不是。

师：你认为应该听什么声音？

生：应该听对自己有益的声音。

二、唤醒耳朵，打开心门，让我们一起倾听

师：真好！听的时候，我们还要学会思考，学会选择。知道了如何去听，那就让我们把耳朵唤醒，把心门打开，来听一听我们手中的这些文字会发出什么声音。找一找，作者写到了哪些声音呢？

师：这样，从你开始。每个人说一种。仔细倾听，不要重复别人的发言。

生：沙沙的一阵细响的声音。

生：八十只蚂蚁跑步的声音。

生：雪花飘落的声音。

生：风吹过柳梢的声音。

生：小狗忙着啃骨头的声音。

生：金鱼甩着尾巴拨水。

生：狂风掀起巨浪的声音。

生：两只老猫在吵架的声音。

生：金丝雀在唱歌的声音。

生：三只芦花鸡在啄米吃的声音。

生：小水滴清脆地落在盛水的脸盆里的声音。

生：还有爸爸打喷嚏的声音。

生：妈妈开水龙头淘米煮饭的声音。

生：当我上完厕所放水冲洗马桶的声音。

生：奶奶摇摇篮的声音。

生：妈妈冲奶粉的声音。

师：好，作者写到的声音有二三十种，我们不再一一说了。在这些声音当中，有哪一些是我们平时不曾注意的？因为它非常非常细微，需要用心灵、用想象才能听见。（板书：想象）

生：蒲公英梳头的声音。

生：头发相互轻触的声音。

生：八十只蚂蚁跑步的声音。

师：还有呢？你来。

生：雪花飘落的声音。

师：是呀，我们来看一看。（屏幕切换，显示文章第一自然段。）谁来读一读蒲公英梳头的声音？

（生读）

师：你看见了什么？

生：我看见了蒲公英的头发被风儿传播到其他地方去了。

师：很美的画面。

师：你还听到了什么？

生：我听到了蒲公英梳头的声音。

师：是怎样的声音？

生：像磨砂纸那样，沙沙地一阵细响。

师：是呀，不是小雨沙沙，也不是风吹树叶的沙沙声。是磨砂纸那样沙沙地一阵细响。写得很具体。你们听到蒲公英梳头的声音了吗？

生：听到了。

师：把你听到的读给我听。

（生读）

师：好。谁来读一读蚂蚁跑步的声音？（切换屏幕，显示课文第二自然段。）

（生读）

师：你听到了什么？

生：我听到了小酸果下降的声音。

师：学一学。

生：噗。

师：还有呢？还听到了什么声音？你来说。

生：八十只蚂蚁跑步的声音。

师：是怎样的声音？想想看。还没想好啊，你来说。

生：应该是滴滴答答的声音。

师：你认为是滴滴答答的声音。你来说。

生：如果它们不紧张的话，就很整齐的，就像我们上操的时候走路很整齐的声音。如果它们很慌乱，就像我们人类一样滴滴答答的，特别乱。

师：是呀。你们还听到了什么？蚂蚁在说什么？

生：当那粒小酸果掉下来的时候，蚂蚁说："不好，炸弹来啦！"

师：嗯，蚂蚁也会说话。你看，从声音里我们还能听到有趣的故事呢！一起来读一读。（领读：你听过……）

（生读；师切换屏幕，显示课文第三自然段。）

师：谁来读一读雪花飘落的声音。好，你来！

（生读）

师：一朵很诗意的小雪花。谁再来读一读？

（生读）

师：你感觉到了什么？

生：我感觉到了这朵小雪花飘落下来的时候，声音一定是非常温柔的，听着会有一种温暖的感觉。

师：是啊，声音里还有温度呢！现在我们一起来读一读这三个自然段。男生们来发问，女孩子来描述声音，好不好？

（生读）

师：刚才邵老师说读一读这三种声音，打开你们手上的材料，咱们再来合作一次。男生，开始！

师：你发现作者在写这三种声音的时候，在写法上有什么相似的地方？

生：我觉得她应该是先问，然后她自己就答了。

师：哦，每一种声音都用一句话来发问，引发我们来思考，然后她再来描述声音。还有呢？

生：这三段话都运用了拟人的修辞手法。

师：哦，这三个自然段都用了拟人的手法。你看，在作者的笔下，蒲公英成了长着一蓬金黄色头发的女孩儿，小蚂蚁会排着队做体操，小雪花会温柔而满足地融化。经她这么一描写，你们发现声音是不是变得有意思啦？

生：（齐）是。

师：这些声音，我们为什么平时不曾注意到，而作者却听到了呢？

生：因为作者善于观察。

师：还有呢？你来。

生：因为作者是在用心地听。

师：是呀，在用心听，用心看，也用心想。下面，我们也来用心听一听、用心看一看、用心想一想：小花、小草、小昆虫们会发出什么样的声音？它们在做些什么、说些什么呢？（切换屏幕）你听过花开的声音吗？你听过蜻蜓点水的声音吗？你听过小草发芽的声音吗？我们用心来听一听，好不好？

师：选择一种声音说一说。可以对自己说，也可以对同伴说。

（生讨论）

师：好，谁来说给我们听一听？你来说。

生：你听过花开的声音吗？当太阳只露出了半边脸，朝霞还挂在天空的时候，"啪"，一朵粉红色的蔷薇花悄悄地绽开了它的花蕾。它面对着太阳，怀着对新生活的热切期望，笑了。

师：这是一朵迫不及待地想看外面精彩世界的花。好，还有吗？你来说一说，好不好？

生：你听过蜻蜓点水的声音吗？在一个夏夜的午后……

师：夏日的午后。

生：夏日的午后，一只蜻蜓轻盈地落在了湖边，用尾巴轻轻地点着水，发出了滴滴答答的声音。

师：咱们可以这样说——小蜻蜓的尾巴轻轻地碰了一下水面，"叮"地一声，小圆圈一圈一圈地荡漾开去，真美啊！还有吗？好，你来。

生：我还想说下第一个。

师：花开的声音吗？好的。

生：我觉得花开的时候，就像炸弹一样，"嘭"地一下就爆开了。

师：这是一朵性急的花，急性子。还有吗？这位男孩子。

生：你听过蜻蜓点水的声音吗？当蜻蜓低飞掠过水面，它那纤细可爱的小腿小心翼翼害羞地触摸到水面时，"咚"，整个水面活了，泛起圆弧形

的波纹。此时此刻，整个世界活了，有了一种夏天的感觉。（掌声）

师：有一种声音叫作天籁，谢谢你让我们听到了。特别是这个"活"字，用得太好了。你来。

生：你听过花开的声音吗？当冬季离去，春天飞来，小花便要开花了。在绿树丛中，在刚刚发芽的小草上，一个花骨朵儿正慢慢地展开，用甜美的声音、美好的声音，呼着蝶，唤着蜂。（掌声）

师：一朵非常甜美的小花。

师：作者除了写这些极细微的声音，还写到了很多日常生活中的声音。你听到过吗？

生：听到过。

（师领读："你总听过风吹的声音吧？"生读第五自然段。师领读："你总听过动物的声音吧？"生读第六自然段。师领读："你也总听过水声吧？"生读第七自然段。）

师：这些声音我们平时也经常听到。可是，我们有没有真正地用心去听，去听懂里面的东西呢？比如说，文章里提到的，爸爸打喷嚏的声音，是不是也引起了你的共鸣？让你想起，那个雨天，你和爸爸一起并肩走在马路上，爸爸悄悄地把雨伞倾斜在你这边。你从这些声音里能听出怎样的情感？（板书：情感）又会联想到哪些声音呢？现在请大家自由地读一读课文的第八自然段。开始。

（生读）

师：从这些声音中，你听出了怎样的情感？或者说，你联想到了什么？都可以说，你来说一说。

生：如果我在小时候听见电话铃响，我直接能想到，肯定会有人快步走上去接的，然后说"喂"。

师：好的，还有吗？

生：如果我听到弟弟被打屁股的声音，我就会想，肯定是弟弟不听话，又在做作业的时候去玩游戏了。

师：是一个很调皮的小弟弟。还有吗？你来。

生：当我听到妈妈冲奶粉的声音，我就知道，我的妹妹又在那儿咕嘟咕嘟地喝牛奶了。

师：有没有想到妈妈总是这么忙碌，是为什么？

生：为我们辛勤劳动，我们应该用优异的成绩报答她。

师：这些声音，有妈妈的爱在里面呢！还有吗？你来。

生：听到电话铃的响声。小时候，我喜欢看电影，看到007，我就觉得可能有人打电话来勒索我。一接电话，"嗯？某某在哪儿，交出多少万！"（众笑）

师：是的，小时候我们的心理总会受到一些影视剧或动画片的影响。还有呢？你读到了哪些声音？

生：我听到爸爸打喷嚏的声音时，就知道爸爸一定又没注意身体，感冒了。

师：你心里怎样想？

生：我觉得，爸爸一定是工作很劳累，而且晚上还没有休息好，要注意身体。

师：从对这个声音的阐述里面，我们听到了你对爸爸的关心。你来。

生：我听到爸爸打喷嚏的时候，我就会想，他会不会昨天晚上也像我们一样蹬被子呢？（众笑）

生：如果我听到有上楼梯的声音的话，我就会想到……小时候一听到上楼梯的声音，就赶快把偷偷看的电视给关掉，然后装作看书。（众笑）

师：爸爸妈妈回来了，是不是？

师：作者把想象中的声音写得优美、有趣，把这些现实生活中随时会发出的声音写得很真实又很真挚，让我们感受到了那种生活的原始的情味儿。那么现在，让我们穿越时空的长河，回到千年前的古代，听一听那些诗人笔下的声音。（切换屏幕，显示唐诗）好，一起读一读。

月落乌啼霜满天，江枫渔火对愁眠。

——张继《枫桥夜泊》

两个黄鹂鸣翠柳，一行白鹭上青天。

——杜甫《绝句》

春眠不觉晓，处处闻啼鸟。

——孟浩然《春晓》

月出惊山鸟，时鸣春涧中。

——王维《鸟鸣涧》

（生读古诗）

师：发现了什么？

生：写的都是关于鸟叫的。

师：真会发现。同样是鸟叫声，可是，听的人不一样，里面的情感是不是也不一样？

生：是的。

师：你听懂了哪一种声音？

生：我听懂了第一句，张继的诗。里面充满了悲伤。

师：是呀。月落西沉，寒霜满天，名落孙山的张继，怎一个愁字了得。

师：还有呢？你还听懂了哪种声音？

生：我还听懂了"春眠不觉晓，处处闻啼鸟"，孟浩然肯定还没睡醒呢。刚醒来就听到鸟鸣，心情肯定很愉快。

师：是啊，鸟儿醒来了，春天就醒来了，作者的那种喜悦的心情也醒来了。

师：还有呢？你来说。

生：我听懂了王维的《鸟鸣涧》，鸟儿在溪水涧欢快地、自由地翱翔的感觉。

师："月出惊山鸟"，月亮的光把鸟都惊飞了，春涧中不时地传来两声鸟叫。有没有发现，这个鸟鸣使得这个山涧显得——

生：幽静。

生：宁静。

师：对啊，更加幽静。有没有发现声音里也能读出那种宁静的美呢？还有哪些诗也是这么写的？用声音来写它的宁静，记得吗？

师：大家很熟悉的一首诗，空山——

生：不见人，但闻人语响。

师：还有哪种声音？谁来说一说？杜甫的那句……好，你来。你听出了怎样的心情。

生：我听出了那种很快乐的心情，因为他在长期的漂泊之后，总算有了一个安定的家，所以他很快乐。

三、展开想象，传递情感，让我们表达倾听

师：这样的鸟叫让我们看到了春天的那种生机。你看，不一样的人来听同样的鸟叫声，里面的意味也是不一样的。（板书：意味）现在请同学们选择自己喜欢的声音写一写，你可以写那些大自然中非常细微的声音，也可以写生活中随时发出的声响，还可以写你从文字当中读到的声音。总之，哪种声音拨动了你心上的那根弦，你就可以写它。你可以写一种，也可以写两种。你可以写一段话，写两段话也成，好不好？

（生写）

师：好，有哪位同学写好啦？这边有人写好了。来读一读。

生：你听过泉水流淌的声音吗？在一个深山中，有一泓清澈的泉水，在哗啦啦地唱着歌，像是泉水聊天后的笑声，又像是泉水跳着欢快的舞蹈。

师：她从声音里听到了笑声，还听到了舞蹈，了不起。还有谁来读？你来。

生：你听过彩虹消失的声音吗？那道横跨天空的美丽七彩桥承受着太阳的光辉洗礼而退出天空的声音，就如同一个冰淇淋在迟缓地融化，那条绚丽多彩的纱巾慢慢隐身于天空舞台。这轻柔的声音也告诉我们，美丽的事物往往是短暂的。（掌声）

师：她有一颗童心，那彩虹成了冰淇淋，也成了纱巾。好，你来。

生：你听到小狗睡觉打呼噜的声音了吗？我听到了，好像是在说梦话："多好吃的骨头啊！"我看见小狗睡得好香啊。你听到妈妈梳头时发丝飘落的声音了吗？我听到了，是沙沙的声音。你听到冬天我们换衣服时的静电声了吗？我听见了，像爆竹一样。

师：有一种声音表示肯定，那就是掌声，你听到了吗？

师：还有谁想读？好，你来。

生：你听过春天第一缕阳光穿云而出的声音吗？那是生命的声音。太阳是第一个被唤醒的生命，她在召唤着，她在召唤其他人。湖面上的冰破开了，一条小鱼儿跃出来，画出了春天五彩的弧度。（掌声）

师：最后一句话太美了。她还听到了生命的声音。我们生命的成长也会发出声音的。你来读一读好不好？

生：你听过时间的脚步？朱自清的《匆匆》中，洗脸时，时间从脸盆中走过。喝茶时，时间从茶水中走过。原来，时间也像水流一样，叮叮咚咚，欢快地流走。（掌声）

师：还有呢？舍不得读给我们听了。他写的是从文字当中读到的声音，很不错。

师：孩子们，其实世界上还有很多很多的声音等待我们去倾听，等待我们去发现。当我们开始静静地聆听，用心去倾听的时候，相信你一定会听见，一定会听见世界的精彩和世界的奇妙。还有很多同学希望再写，由于时间关系，我们不再交流，有兴趣的话，课后继续写下去，好不好？咱们下课！

附：

你一定会听见的
桂文亚

你听过蒲公英梳头的声音吗？蒲公英有一蓬金黄色的头发，当起风的时候，头发互相轻触着，像磨砂纸那样沙沙地细响，转眼间，她的头发，全被风儿梳掉。

你听到八十只蚂蚁小跑步的声音吗？那一天，蚂蚁们排列在红红的枫叶上准备做体操，"噗"，一粒小酸果从头顶落下，"不好，炸弹来啦！"顷刻间，它们全逃散了！

你听过雪花飘落的声音吗？一个宁静的冬天，一朵小小的雪花，从天上轻轻地、轻轻地飘下，飘啊飘，飘落在路边一盏孤灯的面颊上，微微一阵暖意，小雪花满足而温柔地融化了……

如果你问，这都是想象的声音吗？我怎么听不出来呢？那么我再说清楚一点：

你总听过风吹的声音吧？当微风吹过柳梢；当清风拂过明月；当狂风扫过巨浪；当台风横越山岭，你总听到些什么吧！

你总听过动物的声音吧？当小狗忙着啃骨头，小金鱼用尾巴拨水，金丝雀在窗沿唱歌；当两只老猫在墙头吵架，三只芦花鸡在啄米吃，你总能听见些什么吧？

你也总听过水声吧？当山间的清泉如一道银箭奔向溪流，当哗啦啦的大雨打向屋脊，当小水滴清脆地落在盛水的脸盆里，当清道夫清扫水沟里的落叶，当妈妈开水龙头淘米煮饭，当你上完厕所拉抽水马桶，你总该听到些什么吧？

说得明白一些儿，只要你不是聋子，只要你两只耳朵好好地贴在脸侧，打从你出生那一刻哇哇大哭起，你就在听，就不得不听；你学着听奶奶摇摇篮的声音，妈妈冲奶粉的声音，爸爸打喷嚏的声音；学着听开门、关灯、上楼梯、电话铃的响声，还有弟弟被打屁股的声音。这些，随时在你身边发出的响声，你怎么会听不见呢？

你当然知道，声音就是物体振动时，与空气相激荡所发出的声响，而每一种声响，每一种声音，都代表了不同的意思。从声音里，人学会了分辨、感受各种喜怒哀乐，也吸收了知识。愉快动听的声音，带给我们快乐，嘈杂无聊的声音，使人痛苦。从声音里，我们逐渐成长。

人有耳朵，听八方，加上眼睛，观四方。用心听，用心看，也用心想，构成了一个丰富奇妙的世界。

可是，说也奇怪，当一个人长期习惯了一种声音或潜意识里抗拒某种声音的时候，它们竟然会不知不觉地消失了。例如马路上疾驰而过的汽车声，隔壁工厂轰隆隆的马达声，老奶奶唠唠叨叨的抱怨声，久而久之，左耳进右耳出，人，开始了声音的"过滤"。聪明的人，知道什么时候该听，什么时候不该听，这是因为他在"听"的成长过程里，学会了选择和思考，他听进心里的声音，不仅"好听"，也是"有益的"——这些声音，充实了他的生活，使他得到很多乐趣。

可是对一个不用心听又没有兴趣听的人来说呢？久而久之，就成了"没有感觉"的人。当大家说"好"的时候，他盲目地跟着鼓掌，大家批评的时候，他也跟着摇头。鸟叫虫鸣，只是一种"声音"，即使美妙的声音，也只不过是几种乐器的组合。想想看，如果一个"充耳不闻"的人，对外界的一切已经无动于衷，必然也是一个"视而不见"

的人了。当一个人丧失了接收"世界声音"的能力，不也正意味着这个人内心世界的封闭和退缩，成了一个不折不扣的木头人吗？

你善于用你的耳朵吗？你听见了世界的声音了吗？你用心听了吗？你听见了什么？

这里的几个声音游戏，你要不要试着玩玩看，也试着把感觉记录下来？

轻轻松松嚼几片脆脆的饼干、几颗硬硬的糖果，感觉一下是什么声音？

把玻璃纸揉成一团，然后聆听它缓缓舒展的声音。

听一听雨滴落在玻璃窗上的声音。

听一首喜爱的音乐，把它编成一个故事。

录下自己及家人、朋友的一首歌或一段话，仔细听一听。

你开始微笑，轻轻地笑，大声地笑，这时候，你一定会听见的，这个世界，也跟着你欢笑。

·第五节·教材外的散文主题阅读课教学案例·

跟着郭风爷爷学观察

·教学目标·

（1）阅读《蜂巢》《豌豆》《喜鹊》，大体了解文章写了什么。

（2）探究作家观察事物的方法，并能尝试运用。

二年级。

探究作家观察事物的方法，并能尝试运用。

一、导入新课，激发学习兴趣

（1）平时，你们见到自己喜欢的事物，是怎样观察的呢？（学生交流）

（2）今天，我们要来认识一位作家爷爷，他叫郭风。（出示郭风的照片）郭风爷爷特别喜欢看蝴蝶飞舞，看豌豆开花，听喜鹊喳喳叫……那么，郭风爷爷是怎么观察自己喜欢的事物的呢？他有什么锦囊妙计呢？下面，我们就来阅读郭风爷爷的三篇文章，跟着他来学习如何观察事物。

二、整体感知，探究观察方法

1.阅读《蜂巢》

（1）教师范读，大体了解内容。说一说：作者是怎样一步一步发现蜂巢的？作者观察的地点有哪些变化？

教师根据学生的发言板画：

（2）在小河边、水面上、空中、蔷薇丛中，郭风爷爷分别看到了什么？

教师根据学生的回答板书：

一只细腰的野蜂

停在　　举起　　抹一抹

飞了几个圆圈

蜂巢像松果　　有许多六角形的小房间

（3）请学生看着板书，说一说郭风爷爷发现蜂巢的过程。

（4）边读边思，探究观察方法。

①现在请同学们再小声读一读这篇散文，跟随郭风爷爷看着这只小野蜂停歇、喝水、飞行、回家。

②读完了，再看看板书，你发现郭风爷爷在观察时有什么锦囊妙计呢？请填一填。

预设：郭风爷爷看得仔细，关注了野蜂的动作、蜂巢的样子。郭风爷爷变换着地点在看。

教师小结：作者在这篇散文中，眼睛始终跟着小野蜂走，地点也在不断地变换，因为观察地点的变化，看到的画面也不一样。我们把这样的观察方法称为"移步换景法"。（出示锦囊图片）

移步换景法

2. 阅读《豌豆》

（1）谁来读一读《豌豆》这篇文章？其他同学仔细听，看看你的脑海中浮现出了哪些画面？

（2）学生交流，引导学生用四字词语给画面取一个好听的名字。

（教师相机板书：卷须攀爬图 豌豆开花图 结出豆荚图 豆荚剥开图）

（3）这四幅图，作者花了多长时间观察的？一个小时？一天？还是……

学生交流：花了好长时间，也就是豌豆从种下去一直到成熟的时候，郭风爷爷都在观察。

教师小结：从种豌豆，到豌豆伸出卷须，再到开花、结出豆荚、剥开豆荚，作者一直在进行观察，这样的观察方法就叫"连续观察法"。（出示锦囊图片）

连续观察法

3. 阅读《喜鹊》

（1）听录音朗读。在这篇散文中，郭风爷爷重点观察的是什么呢？（大枫树上的喜鹊）

（2）作家观察到的喜鹊是什么样子的？是不是说不上来？在这篇散文中，作者有没有具体写喜鹊的样子？作者重点写了喜鹊的什么？（喜鹊的叫声）

（3）教师引导：在这篇散文中，作家观察时更多的是用耳朵听。作者听到喜鹊在对他说些什么呢？

出示：

"鹊！鹊！你好，小学生，你要到哪里去？"

"鹊！鹊！真好。你的姑妈会请你吃花生米吗？"

"鹊！鹊！再见，小学生！"

（4）请学生读一读。教师顺势提问：喜鹊真的是这样说的吗？你发现作者在听的时候，还用到了什么方法呢？（展开想象）

教师小结：在观察事物的时候，把看到的、听到的、闻到的等加入自己的想象，这样的观察方法就叫"想象观察法"。（出示锦囊图片）

三、介绍作家，总结观察方法

（1）今天，我们阅读了郭风爷爷的三篇散文，跟郭风爷爷学到了哪些观察方法呢？

（出示图片）

（2）这三篇文章运用的观察方法不一样。再读一读这三篇文章，你发现它们有什么相同的地方呢？

预设：我觉得尽管三篇文章的观察方法不一样，但是作者的观察都特别细致，他对周围的动植物都非常喜欢。

（3）出示别人评价郭风爷爷的一段话：

一位温柔敦厚的长者。一位学贯中西的智者。一位白发苍苍的儿童。一位勤劳俭朴的老农。一位爱吃地瓜稀饭的老乡。一位喜欢早起开窗的人，一位爱花、爱蝴蝶、也爱榕树的人。一位充满幻想的诗人，一位五官开放的旅行者，一位使用问号最多的散文家，一位一辈子为孩子精心制作"点心"的厨师……

（4）今天，我们读了郭风爷爷的三篇散文，你觉得郭风爷爷是一个怎样的人呢？（师生交流）

教师总结：同学们，我们今天跟着郭风爷爷学习了如何去观察。我们的周围也有很多可爱的动植物，让我们学郭风爷爷仔细去观察，一定会有很多不一样的收获。

附：

蜂　巢
郭　风

我沿着村里的小河走着，不经意间看见水面上歇着一只细腰的野蜂。我便站在岸边看它。

它停在水面很久，一点也不会沉下去，好像一片小树叶。有时，它举起前面的一只脚，跟我们举起手来一样，抹一抹头上的触须。

过了差不多十分钟，这野蜂飞起来了。我立刻注意它要飞到哪里去。它先在空中飞了几个圆圈，接着便飞进河边野生的蔷薇丛里去。这时正是五月，蔷薇开放着朵朵美丽的红花。

我跑过去，轻轻拉开蔷薇的枝叶。我便看见，原来有一个蜂巢，它像一个结得很大的松果，挂在枝条上。这蜂巢有许多六角形的小房间，造得真是精巧。野蜂喝过水就回到自己这个家里来了。

我无意中发现这个好看的蜂巢，心中很高兴。当然，我不会像有的孩子那样把蜂巢打落……

豌　豆
郭　风

我利用家里的空地种豌豆。我自己筑小篱笆，豌豆的卷须攀着我替它筑成的篱笆爬上去，向四面伸展，把篱笆占满了。它的花好像小小的蝴蝶，翅膀白中带紫。

我看它开了蝶形的花，结出小小的豆荚；我看豌豆的小豆荚，长成大豆荚，我量了一下，最大的有四厘米长。

豆荚剥开，真是好看呢，豆壳好像一张小床，铺了一层天鹅绒，圆圆的豆粒好像几个小孩子一起睡在小床上。

我在自己家里种豌豆。在学校的菜园里，我们也种上豌豆。我们会收获很多很多豌豆。

喜　鹊
郭　风

我们村里的山溪岸上有一棵大枫树。我很喜欢这棵枫树。它在秋天时，好像燃起一树的篝火或是一树的彩霞，它的树梢有一个喜鹊的窠，这更是使我喜欢极了。

枫树下便是村里的渡口。有石凳，有一个小码头，有渡船。村里的小学生，我的邻居阿长伯、阿细叔，还有其他村里人，要到对岸的田野里干活，或是要到镇上去，都坐在这里的石凳上等候渡船；要是渡船刚好停在枫树下的小码头边，便马上踏上渡船，把船撑到对岸去了。

我嘛，我会开渡船。我们村里的这只渡船，是一只小木船。我把撑竿往岸上一点，小木船便听话地往溪中开去了。

这一天早上，我到溪边来，看见渡船正好停在渡口的小码头边，我赶快登上渡船。我正要把渡船撑开，便听见喜鹊阿姨站在枫树上，对我叫道：

"鹊！鹊！你好，小学生，你要到哪里去？"

我赶快答道：

"喜鹊阿姨，你好，今天是星期日，我要到镇上找我的姑妈去！"

"鹊！鹊！真好。你的姑妈会请你吃花生米吗？"

我说："我不喜欢吃花生米。我的姑妈是镇上一位音乐老师，我喜欢她唱的歌，也喜欢她给我看的画册！"

我把竹竿往溪岸上一点，小木船便向溪中的水面上开过去了。我听见喜鹊阿姨站在枫树上，不止地向我招呼：

"鹊！鹊！再见，小学生！"

我常常自己这样想：喜鹊阿姨是喜欢和我讲话的。

我真喜欢我们村里渡口旁边有一棵大枫树，树上有喜鹊阿姨造的窠。

"浅而有味"的家庭生活故事

· 教学目标 ·

（1）阅读林良的三篇文章《玮玮的蚕》《洗澡》《彤彤二三事》，大体了解三篇文章的内容。

（2）借助比较，体会林良笔下家庭生活故事中的趣味。

· 教学对象 ·

三、四年级。

· 教学重点 ·

借助比较，体会林良笔下家庭生活故事中的趣味。

一、激发兴趣，导入新课

今天，我们要来阅读交流三篇文章。(齐读三篇文章的题目:《玮玮的蚕》《洗澡》《彤彤二三事》)

这三篇文章都出自林良爷爷的笔下。林良爷爷是我国台湾著名儿童文学作家。他为儿童写作长达 60 多年，曾获"金鼎奖终身成就奖"、信谊"儿童文学特别贡献奖"等殊荣。林良爷爷在这三篇文章中，向我们描述了怎样的故事呢?

二、整体感知，梳理事件

（1）课前，大家已经初步阅读了这三篇文章。现在，请你们小组合作，填一填下面的表格。

题　目	人　物	主要事件	生活感悟
《玮玮的蚕》		事件1: 事件2: 事件3: ……	感悟1: 感悟2: 感悟3: ……
《洗澡》		事件1: 事件2: 事件3: ……	感悟1: 感悟2: 感悟3: ……
《彤彤二三事》		事件1: 事件2: 事件3: ……	感悟1: 感悟2: 感悟3: ……

（2）师生交流，完成表格。

题 目	人 物	主要事件	生活感悟
《玮玮的蚕》	玮玮 爸爸 妈妈	事件1：蚕从哪里来 事件2：妈妈要桑叶 事件3：小纸盒成了蚕的"牧场" ……	感悟1：养蚕不能怕辛苦。 感悟2：蚕的生命史，让"我"的心中涌起敬畏。 感悟3：我心目中的家，除了家人，还应该包括蚕。 ……
《洗澡》	老大 老二 老三 爸爸 妈妈	事件1：老大洗澡 事件2：老二洗澡 事件3：老三洗澡 ……	感悟1：小孩儿喜欢玩水，洗澡除外。 感悟2：对于忙碌的现代人来说，似乎都有一种抗拒洗澡的倾向。 ……
《彤彤二三事》	彤彤 外婆	事件1：彤彤奔跑 事件2：彤彤到处游戏 事件3：彤彤"自己来" 事件4：彤彤出门 ……	感悟1：当孩子抗拒什么地方的时候，你要建议另一个兴趣点。 感悟2：大人要包容孩子的"自己来"。 感悟3：手里拿着东西出门，才像出门的样子。 ……

三、借助比较，深入阅读

（1）请大家再对照表格看一看，这几篇文章虽然讲述的故事不一样，产生的感悟也不尽相同，但是，因为它们出自同一个作家之手，里面也藏着很多相似的地方，你们能发现吗？

预设：写的都是家庭里的人，写的事情都是家庭生活中的事情，得出的感悟也是由家庭生活而来的。

（2）赏析片段，感受林良散文的"浅而有味"。

除了写的是家庭里的人，写的是家庭生活中的小事情，并且所有的感悟都是来自家庭生活，林良爷爷的这三篇散文还有什么相似的地方呢？

①出示三个片段：

玮玮把蚕放在小书桌上，观察了一阵，然后抽出书包里的笔记本来写生字。三只小蚕成为她的伴读的爱物。对一个小学生来说，做功课能有三只小蚕伴读，真是无比地幸福。她一定是把那三只小蚕，看成三只可爱的波斯猫。

喜欢讨价还价的老三，一向指定要"爸爸给我洗"，所以帮这个"两岁半"洗澡，等于自己也洗了一次蒸汽浴，浑身是汗。这个小家伙一切都有"标价"，脱衣服的标价是"洗完澡要给一块饼干"，进澡盆也是一块饼干，抹肥皂又是一块饼干，离开澡盆又是一块饼干。洗一次澡，小家伙可以得四块饼干。每一个步骤，最初都是抗拒，然后是提要求，要求不遂，继续抗拒。在相持不下的时候，小家伙没有损失，我损失了时间。我宁愿以四块饼干换时间，所以小家伙永远胜利。

有一次出门去保姆家，她坚持要带一个布娃娃。知道不让她带一样东西是不行的，外婆就给她一个旧乒乓球。手握乒乓球出门，使她觉得自在。有一次由外婆家回自己的家，她坚持要抱小白熊出门。外婆就塞给她一条小手帕。也许她早就认定，手里拿着东西出门，才像出门的样子。

◎指名读，说一说这三段话中的孩子分别给你留下了怎样的印象？
预设：爱读书，也爱蚕；喜欢讨价还价；喜欢出门带东西。

◎在这些孩子的身上，你能找出共同点吗？（特别天真、可爱）

教师讲述：你们知道吗？林良爷爷的三女儿就叫玮玮，玮玮的女儿叫彤彤。把妈妈小时候的故事跟女儿小时候的故事放在一起读，是不是特别有意思？

◎你们读这几段文字的时候，脸上什么表情？你又发现了林良文章的什么特点呢？

预设：我读了，忍不住笑了，觉得很好玩。

教师讲述：你们有没有发现，林良爷爷的这几篇文章没有什么华丽的文字，但是却充满趣味，很吸引我们阅读。林良爷爷一直倡导"浅语的艺术"。浅语，是指小孩子们都能看得懂的语言，而林良爷爷的"浅语"却是充满趣味的，可以说是"浅而有味"。

②出示三段文字：

我心目中的家，除了我，除了"妈妈"，除了三个孩子，除了小狗斯努彼，除了两只巴西小乌龟，除了一对白色的小鸟，还应该包括几只沉默的蚕。

通常她会在我舌敝唇焦、头顶冒热气的时候动了怜悯心，满意地说："好了。"我也在获赦以后恢复了幽默感："对了，你忘了一件事，你该洗澡了。"她笑了，我因为心情的轻松，也跟着笑了。在笑声中，我渴望的水声响了。

奔跑起来像一只小狗的彤彤，跑的时候从来不看路。她双眼盯着你，双脚轮番点地，样子就像短跑选手冲线。她在你大惊失色、正要出声制止的时候，已经撞进你伸出去救援的臂圈。

指名读，说一说，这几段文字中出现的大人，也就是林良爷爷，他有什么特点？他给你留下了怎样的印象？

预设：他很有爱心，爱自己的女儿，爱自己的外孙女，甚至爱家里的小狗、小乌龟、小鸟，还有蚕。

教师总结：林良爷爷讲述的生活故事中，小孩子们吵吵闹闹、哭哭笑笑的，有的天真无邪，有的调皮可爱，也有的让人很不省心，但是我们从中依然感受到家庭生活的温馨和美好。

四、拓展延伸，联结生活

（1）我们读了林良爷爷的三篇文章，你能说说自己家中有趣的人和事吗？（师生交流）

（2）出示：

我辛辛苦苦地执笔发现家庭生活的情趣，有时候竟熬夜到天明，心中是有一个宏愿。我希望读者受了我的感染也能体会到自己家庭生活的情趣，真诚地去爱自己的家。

——林良

教师总结：在林良爷爷的笔下，家，就像一轮小小的太阳，照耀着他和家人的生活。林良爷爷曾以"家"为主题，写下了一组散文，这些散文收录在一本叫《小太阳》的书中。另外，他还写了一组散文专门记录了小外孙女彤彤的童年往事，收录在《彤彤》这本书中。课后，有兴趣的同学可以找来读一读。

附：

玮玮的蚕

林　良

大家都觉得玮玮养蚕是对的。养蚕是小学生活的一部分。我还记得自己小学时代每天带着一纸盒蚕去上学的情景。在养蚕季节，重视荣誉的小学生，随身都带着一盒出色的蚕，肥大的蚕卧在翠绿的桑叶上，像白色肥圆的哈巴狗懒懒地躺卧在绿色的地毯上。

上三年级那一年，在养蚕的季节，有一天下午，玮玮单手托着一片桑叶回家，那桑叶上爬着三只小小的蚕。那是她自己花钱买的。那三只虫子，大概是五毛钱，或者一块钱。我小时候在家乡也买过蚕，但是我从来不知道"蚕店"在哪里。一个小学生如果有心买蚕，他只要稍稍吐露心声，自然会有同学来帮忙。第二天，"货"就到了，买主只要付款就是了。我记得从来没付过定金。我后悔的是，小时候心中只有蚕，只对"自然"发生兴趣，不喜欢研究"社会"，所以至今还是不知道蚕从哪里来。

我很认真地问玮玮："卖蚕的小店在什么地方？"

玮玮觉得我的问题很好笑。她说："不是小店，是同学。"回答完了以后，她还是觉得问题很好笑，特地把我这个好笑的问题转告她的姐姐，而且下结论说："笑死我啦！"她的意思是，真亏我想得出"卖蚕的小店"这幅图画来。

蚕从哪里来？蚕从同学的掌中来。

玮玮把蚕放在小书桌上，观察了一阵，然后抽出书包里的笔记本来写生字。三只小蚕成为她的伴读的爱物。对一个小学生来说，做功课能有三只小蚕伴读，真是无比地幸福。她一定是把那三只小蚕，看成三只可爱的波斯猫。

晚饭桌上，玮玮不停地谈论她的蚕，同学的蚕。她回顾日间发生的一切。可是对"妈妈"来说，她对未来的日子必须有一个展望。那展望使"妈妈"心惊。

果然玮玮说话了："妈，明天能不能帮我找几片桑叶？"

如果是我，在买蚕的时候就会想到桑叶的来源，想到未来的粮食供应问题，这会给"妈妈"增加多大的负荷！要是有一种桑叶供应公司就好了。我们可以去订购桑叶，每天两张，像订阅报纸。每天早晨，我可以在信箱里找到一个塑料袋，里面装了两片鲜嫩的桑叶。或者，有一种"育蚕院"，那么我就可以让玮玮的三只蚕去住院，每星期六下午再带玮玮去接三个小东西回来度周末。或者，最少有一条街叫作"桑树街"，街道两边的行道树，种的都是可爱的桑树。既然这一切都不可能，摘桑叶就成了"妈妈"每天的工作。她每天除了上班以外，还要准备三餐，照顾三个孩子和三只蚕。

我问玮玮："三只蚕能不能退？"

玮玮说："不能啊！这是我的蚕。"

一想起"妈妈"的辛劳，我真希望窗外刮起一阵风，吹走玮玮书桌上那一片有三个乘客的桑叶。

"妈妈"每天下班，都要绕道去拜访种桑人家。她观察过附近人家墙头上的树梢，记住了地点，然后逐日轮流去摁电铃，自我介绍，说明来意，然后在家犬的怒目注视下，战战兢兢地去搞几片桑叶。一家不能连续去两次，因为那太打扰人家了。

有一次，她到一家种桑人家去摁电铃。出来开门的是一个女孩子。母亲在屋里用懒散的拉长了的声音，满含慈爱和威严地问："是谁来啦？"

女孩子高声回答说："那个要桑叶的太太又来了。"

我真想替"妈妈"去奔走。也许我可以自我介绍，说："我是一个养蚕的孩子的父亲……"

"妈妈"笑了笑。她不相信我办得好这种事情。

每次我听到玮玮埋怨："妈，你又忘了带桑叶回家了。你看，蚕饿得都挺直身子立起来了。"

我就会回答说："带桑叶太辛苦了。"

玮玮的出色的回答使我心惊："养蚕不能怕辛苦。"

她已经把责任过渡给"妈妈"了。她只管辅导。

更使我心惊的是，有一天玮玮又带回来一片大桑叶，那桑叶上爬着五只蚕。她下决心要大量生产。

我新买了一件衬衫，装衬衫的纸盒成了玮玮的"牧场"。盒底铺着桑叶，桑叶上爬着八只出色的蚕。绿绿的桑叶吃进蚕的肚子里，化成蚕身上白白的肉。

有一天，我看见玮玮在找一个合适的小纸盒。我不问她做什么用，很内行地递给了她一个。上一代的往事，又要在她身上重演。第二天早上，她在小纸盒里铺好桑叶，然后在"牧场"里选了两只最肥最圆最充满活力的蚕，带到学校去了。那是我童年也做过的"荣誉的展示"。肥大的蚕的躯体，会引起同学的欢呼。

"像一条猪肠！"这是最高的赞美。肠，是指小肠。

在学校里的蚕的博览会上，玮玮的成绩一定不错，因为她回到家里以后，一直在谈论有些同学所养的蚕"瘦得只剩骨头""细得像一根筷子"。

蚕经过头眠、二眠、三眠、大眠以后，开始吐丝，造茧，变成蛹，变成蛾，然后剪破蚕茧，出来活动。玮玮观察这些变化，心中充满惊奇。蚕的生命史，在我的童年，曾经给我重大的启示。我不断地问自己："这怎么可能？"我也不断告诉自己："你亲眼看到了。"然后，我狂野的思想逐渐变得驯服了。我心中涌起敬畏。

那八只蚕蛾里有三只是蛾妈妈。几天以后，衬衫纸盒里遍布蚕卵。我相信，关于养蚕的知识，仍然像我童年一样，在教室里进行着口头的传播。不必经过任何指导，玮玮把那盒蚕卵放在缝衣机下面的铁踏板上，那里又干燥，又通风。

她说："明年春天，你们就有许多蚕！"

她要把她的成绩，献给这个家。

第二年春雷响，家里遭遇到一次惊人的"蚕的人口爆炸"。那个已经被人遗忘的衬衫纸盒，成为"生命的纸盒"，整个纸盒里蠕动着蚕的第二代。

我有些担忧。如果把所有的这些蚕都养下来，"妈妈"每天就得挑一担桑叶回家。如果"妈妈"有一天忘了，所有的蚕都会撅起身子，把头举得高高地联合起来举行反饥饿大会。我仿佛听得见蚕群的呼喊："我们要桑叶！我们要桑叶！"

玮玮邀我去参观那个可怕的"育婴室"，问我："怎么样？"

我的感想只有两个字："不行！"

我的担忧是多余的。

"放心。"她说，"只要留种就够了。"

我明白她的意思。她懂得处理这样的事。我确实应该放心。从那一年起，我们家里就没断过蚕。有一条无形的蚕丝，穿过家的史册，连续不断。

现在，后院已经有了两盆桑叶。那是家里那些长期住客的粮食。玮玮也成为养蚕的初中生了。

桑叶是很美的。两盆桑叶跟别的盆栽放在一起，特别显出一种高雅潇洒的风度来。细细的枝子，错落的叶子，确实是不俗气的植物。

我有时候也到后院去走走，去看看那桑叶，去欣赏那清高的气质。

蚕已经走进了我的生活，因为玮玮养蚕。

我心目中的家，除了我，除了"妈妈"，除了三个孩子，除了小狗斯努彼，除了两只巴西小乌龟，除了一对白色的小鸟，还应该包括几只沉默的蚕。

洗　澡
林　良

当了父亲，才知道世界上最难的事情是"使一家人都洗完澡"。

小孩子们都是喜欢玩儿水的，老大、老二、老三，都有自己的一段"水时代"。老大在她的"小时候"，就喜欢装一脸盆水，把全家的皮鞋泡在里面"洗得很干净"，结果使爸爸妈妈第二天穿着雨鞋去上班。老二的杰作是替爸爸洗书，替妈妈洗口红。现在老三最喜欢的是在水龙头底下洗蜡笔，洗纸，洗手提收音机。为了防她洗不该洗的东西，家里的照相机和望远镜，都得放在六尺高的柜顶上。

孩子都是喜欢玩儿水的，但是洗澡除外。

有一天深夜，我看书看到一半，忽然受到一个问题的困扰：是应该由我起带头作用先洗澡，然后叫大家拿我当模范，一个一个都到水里去走一趟好呢？还是把自己排在最后，先驱策大家完成这"一天最吃力的工作"，然后自己躺在澡盆里恢复体力好？想是想了，可是没有结论，因为无论采用哪一种策略，最后的结果完全一样：疲惫不堪。

我现在对于"洗澡"这种事情，已经有了成见：这是人类最坏的发明之一，不然的话，为什么大家那么"怕"它？

催老大洗澡，得有很大的耐性。最初，要先用温柔的、商榷的口吻通知这个难惹的"反洗澡主义者"："该你洗澡了。"听到这个通知，她第一个步骤是装聋作哑、一声不响，表现出已经完完全全沉溺在书里，或者练习本里。

但是要记住，千万不能冒火，冒火就完成不了这个艰巨的任务。我所应该做的，是逐渐逐渐把声音加强，加高，加到她无法否认我是在对她喊话的程度。到达这个程度的时候，她会慢慢扭过头来，含笑，很和气地问我有什么事情。我这时候应该很和气地再把我的意思重复第十九遍："该你洗澡了。"

她露出疑问的眼神，开始她第二步骤：跟我讨论理想的"一家人洗澡的顺序"问题。

"为什么不让别人先洗呢？每一次都是我先。"

我把血液集中在脑部，才能勉强说出一些她认为"没有理由的理由"。这些理由一项一项被她驳倒以后，她原谅了我，说："好吧！今天还是我先算了。可是稍等一会儿好不好？我这一道算术题刚写了一半儿。"

说完了这句话，大约还要再等一个世纪，她才表现出一种被迫离开的惋惜神气，梦游似的空手走进浴室，然后在遥远的浴室里，用童声女高音喊："妈，我的衣服呢？我的毛巾呢？我外衣要不要换？肥皂放在哪里？"

在厨房里忙着的妈妈即刻传话过来："你帮她拿衣服好不好？你告诉她毛巾是哪一条好不好？你告诉她外衣也该换了好不好？你把架子上的肥皂拿给她好不好？"她的话里带着信心，因为她知道我除非是精神全面崩溃，不然不会回答"不好"。而且这是每天都要有的过程，并不是什么新鲜事儿。

这些东西都送达以后，还得忍受另外一个最难、也是最后的过程，那就是她的兴致很高的谈天。"爸爸，是不是所有的女孩子都比较不适合当政治家？""为什么我看书的时候会忽然觉得我不是在看书，好像是在做别的事？""考试的时候紧张，是缺乏维生素第'几'？"她充满好意，希望我跟她热烈讨论，可惜忘了我急着要她做的事是"即刻洗澡"。为孩子解答问题是父亲的天职，如果那是折磨也该忍受。虽然眼睛看着干澡盆心里着急，但是不能在孩子对探讨问题有兴趣的时候跟孩子冒火。通常她会在我舌敝唇焦、头顶冒热气的时候动了怜悯心，满意地说："好了。"我也在获赦以后恢复了幽默感："对了，你忘了一件事，你该洗澡了。"她笑了，我因为心情的轻松，也跟着笑了。在笑声中，我渴望的水声响了。我完成了第一任务。

老二的风格是另外一种，属于"万事起头易"的那一类，只要听到"你该洗澡了"，即刻灭了书桌上的灯，推开椅子，让人产生一种"无限感激"的心情。不过，这并不表示老二是一个"热爱洗澡主义者"。这小智者心中另有安排，通常进入浴室以后，不管长针走了多少个罗马数字，始终是无声无息。到了没法子再忍耐下去的时候，推开浴室门一看。这智者高坐在便盆上，双手端着一本儿童读物，屏息凝神，早已经进入另外一个世界。

"你忘了你该洗澡了？"

"可是我洗澡以前一定会大便。"

"那么你快'大'呀！"

她很惋惜地合起书，说："好，我现在开始'大'吧。"

原来她连"大"都还没开始哪！

总要等听到抽水马桶的放水声，知道是"大"完了，才谈得上盼望听瓦斯热水器的怒吼。一切不是以秒计算，一切要以一刻钟一刻钟来计算。

喜欢讨价还价的老三，一向指定要"爸爸给我洗"，所以帮这个"两岁半"洗澡，等于自己也洗了一次蒸汽浴，浑身是汗。这个小家伙一切都有"标价"，脱衣服的标价是"洗完澡要给一块饼干"，进澡盆也是一块饼干，抹肥皂又是一块饼干，离开澡盆又是一块饼干。洗一次澡，小家伙可以得四块饼干。每一个步骤，最初都是抗拒，然后是提要求，要求不遂，继续抗拒。在相持不下的时候，小家伙没有损失，我损失了时间。我宁愿以四块饼干换时间，所以小家伙永远胜利。

三小洗过了澡，终身伴侣彼此之间又有一番礼让，谁也不愿意"占先"，最后总是那个"失败者"，忍痛放下手边的事，满肚子委屈先走进浴室。

从卫生的观点看，每天洗澡是一件好事。在"闲人"的心目中，整天泡在澡盆里更是一种享受。但是对于忙忙碌碌的、连回家也要忙的现代人来说，似乎都有一种抗拒洗澡的倾向。

形形二三事
林　良

奔跑起来像一只小狗的形形，跑的时候从来不看路。她双眼盯着你，双脚轮番点地，样子就像短跑选手冲线。她在你大惊失色、正要出声制止的时候，已经撞进你伸出去救援的臂圈。这是带过两岁幼儿的大人都有的经验。

因此，当形形有心想从你身边跳脱的时候，你似乎永远捉不到她，同时，也不敢去捉她。你怕她摔跤，也怕自己摔跤。每天接送形形到保姆家的外婆，每次遇到这种情形，就会想起童年家中宰鸡待客时母亲在院子里追鸡的样子。每当形形抗拒去什么地方的时候，外婆会立刻建议另一个能引起形形兴趣的地点，免得演出"捉鸡"。

外婆说出她的经验。她送形形到保姆家，路上一定会有许多耽搁，一会儿是去看狗，一会儿是去摘野草，一会儿是去看"不乖的小孩子哭"。她们离保姆的家越来越近，最后是以一场"爬楼梯比赛"，把形形送进保姆家。

形形最熟悉的三个地方是：她自己的家，外公外婆的家，保姆的家。保姆家有一间育幼室，铺的是地板，是为彤彤睡觉和游戏准备的。但是彤彤很少待在那个房间里。她比较喜欢房间外面的成人世界。她到处游戏，玩的是跟"玩具"一点儿关系也没有的东西。她玩椅子，玩锅，玩扫帚，玩抹布。有一次，她把保姆买回来放在客厅地板上的一包三公斤重的米，搬到保姆床上去玩。

她无论做什么事情都要"自己来"。一周岁以后，她已经习惯自己抱着奶瓶喝牛奶。喝水，她要自己端着茶杯喝。两岁又三个月的她，吃饭也要"自己吃"。她用握拳的手势握调羹，然后用一种神仙方法把食物送进嘴里，使人不能不佩服。

她喜欢跟大人一起上桌吃饭。来外婆家做客，外婆为她准备"打不破"的碗，在她碗里放一点点饭，一点点菜，剩下就不必多管了。你不必刻意地去计较她的用餐礼仪，也不必去纠正她拿调羹的姿势。干预太多，会把事情弄糟。如果你由她去，她自然有自己的办法把碗里的东西吃完，然后端着空碗向你要汤喝。

她重视的是"自己来"。大人应该包容的是她把自己面前的桌子弄得很脏。

她有一个小小的习惯，就是出门的时候一定要随手带一样东西。从她家来外婆家，她会带玩具小毛驴。从外婆家到保姆家，她带的是小布熊。没人知道她为什么会有这个需要。

也许是大人的行为给她的暗示。外公出门一定带着公事皮包。外婆出门一定带手提袋，最少也带一个小钱包。她的爸爸，每天出门上班手上总是抱着一大堆资料。她的妈妈，上班也是大袋子、小袋子抱一大堆。她好像已经把"手上拿着点什么"跟"出门"两件事结合在一起了。出门不带东西，她会不自在。

有一次出门去保姆家，她坚持要带一个布娃娃。知道不让她带一样东西是不行的，外婆就给她一个旧乒乓球。手握乒乓球出门，使她觉得自在。有一次由外婆家回自己的家，她坚持要抱小白熊出门。外婆就塞给她一条小手帕。也许她早就认定，手里拿着东西出门，才像出门的样子。

动物素描

·教学目标·

（1）阅读列那尔的《喜鹊》《蝴蝶》，借助《喜鹊》《蝴蝶》探寻列那尔的写作秘诀。

（2）阅读《孔雀》《毛虫》，在这两篇文章的阅读中验证列那尔的写作秘诀，感受其中的短句子及比喻的魅力。

（3）进行片段练习，尝试运用列那尔的"写作秘诀"写一写自己熟悉的小动物。

·教学对象·

五年级。

·教学重点·

探寻列那尔的写作秘诀，尝试运用列那尔的"写作秘诀"写一写自己熟悉的小动物。

· 教学设计 ·

一、猜谜激趣，感受列那尔对动物的喜爱

（1）教师介绍作者。

法国有一位作家，叫于勒·列那尔。轻轻地读一读他的名字。（生读）列那尔喜欢用文字为动物画素描。邵老师找来了几篇。我们先来猜一猜，他画的是谁？

（2）出示列那尔的几篇短小的文章，让学生猜一猜。

有什么事呢？晚上九点钟了，他屋里还点着灯。（萤火虫）

太长了。（蛇）

当心，油漆未干。（绿蜥蜴）

（3）学生读屏幕上的文字。

（4）出示列那尔的头像。

教师介绍：这就是法国作家列那尔。

列那尔曾经在他的文章里这样描述自己：

他把猎枪留在家里，只是睁大了他的眼睛；他把眼睛当作网，去捕捉千千万万美丽的形象……

——《形象的捕捉者》

教师指名读。

（5）请学生猜一猜，列那尔会是怎样的一个人？

预设：喜欢观察、喜爱小动物、喜欢美的东西……

教师补充：列那尔出生在一个农民家庭，大部分时间都是在乡村度过的，他喜欢长久地观察那些动物、植物。在他眼里，他们就是一个个小生命。列那尔认为，自然界是真实、生动而纯净的。

二、阅读《喜鹊》《蝴蝶》，探寻写作秘诀

（1）列那尔喜欢用眼睛去捕捉千千万万美丽的形象，列那尔究竟捕捉到了哪些美丽的形象呢？我们来看这一篇。（指名读）

出示部分文字：

这封轻柔的短函对折着，正在寻找一个花儿投递处。

猜一猜，他写的是什么？（蝴蝶）

教师描述：在列那尔的笔下，蝴蝶的翅膀成了短函，花儿成了投递处。这样的比喻十分别致。

（2）指名读，并出示第二篇中的部分文字：

她全身漆黑；但是，她去年冬天是在田野上度过的，因此，身上还带着残雪。

猜一猜，列那尔写的是什么？

教师介绍：这是一种鸟。这种鸟有一身漆黑的羽毛，有少许的白色。小的时候，只要听到这种鸟叽叽喳喳的叫声，我妈妈就会说喜事要来了。（学生猜出"喜鹊"）

教师描述：在作者的笔下，那一抹白色的羽毛居然成了残雪。这样的比喻非常美妙。

（3）学生背诵这两篇小品文。教师指名背诵。

（4）比较两则小品文，它们有什么相似的地方？这两篇文章跟我们平时见到的文章最大的不同是什么？

预设：学生能发现这两篇文章短小。

教师补充：的确，小品文一般篇幅都很短小。关于"短小"，列那尔曾经在自己的日记中这样写：

千万不要写长句子。这种句子准没有人要读。（1892 年 4 月 1 日）

教师描述：列那尔讨厌那些矫揉造作的长句子，他甚至还在日记中说：我希望不再看到超过十个字以上的描写。

（让学生再来读一读这两篇短文，体会其"短小"的魅力。）

（5）除了短小，你觉得这两段文字在写法上还有什么共同之处？（学生小组讨论）

预设：学生会发现都采用了"比喻"的手法，还会发现这两篇都把动物当作"人"来写。

教师总结：列那尔的"小品文"，篇幅短小，描写的都是一些平常的小事物，但却有一种特别的味道在里面，因为他笔下的比喻美妙别致，真正地把动物当作一个生命来写。

三、阅读《孔雀》《毛虫》，验证写作秘诀

（1）这样的短小，这样的比喻，把动物看作一个生命，在列那尔的其他作品中是否也有体现呢？

我们来看两篇文章。一篇是《孔雀》，另一篇是《毛虫》。

孔　雀

[法] 于勒·列那尔 / 著　苏应元 / 译

他今天肯定要结婚了。

这本来是昨天的事。他穿着节日礼服，准备就绪。他只等他的新娘了。新娘没有来。她不该再拖延了。

他神气活现，迈着印度王子的步伐散步，身上佩带着丰富的常用礼品。爱情使他的色泽更加绚丽，顶冠像古弦琴颤动着。

新娘还没有到。

他登上屋顶高处，向太阳方向眺望。他发出恶狠狠的叫唤：

"莱昂！莱昂！"

他就这样称呼他的未婚妻。他看不到谁来，也没有人理睬他。习以为常的家禽甚至连头也不抬一抬。她们都腻烦了，不再去欣赏他了。他下到院子，对自己的美如此自信，所以也不可能有什么怨气。

他的婚礼延到明天。

他不知道如何度过白天剩下的时间，又向台阶走去。他迈着正规步子，像登庙宇台阶那样登上梯级。

他翻起燕尾服，上面满缀着未能脱离开去的眼睛。

他在最后一次复习礼仪。

毛　虫

[法] 于勒·列那尔 / 著　徐知免 / 译

毛虫从它在大热天气藏身的草丛里出来。它经过高低起伏的沙径，一步也不停留，顷刻间，它仿佛觉得自己落在了园丁的木鞋旧辙里。

到达草莓地，它才休息，昂起个鼻头左右嗅嗅；之后，它又向前移动，一会儿爬到叶子底下，一会儿又到了叶子上面，现在它才明白到了什么地方。

好漂亮的毛虫，肥大，里里外外一身绒毛，棕色里透出点点金星，再配上那双黑眼睛！

它凭着嗅觉引路，动来动去，一下子又紧蹙如一道浓眉。

它停在一株玫瑰花下面。

它用纤细的钩足在粗糙的花的枝条上摸索、试探，摇晃着像只初生小狗的头部，它决定往上爬。

这一次，它简直是异常艰辛地吞噬下每一寸路程。

枝的顶端，盛开着一朵颜色如少女的玫瑰花，款款摆动，香气馥郁，令它陶醉。玫瑰花让这第一条毛虫从树茎上爬上去，把它当礼物一样欢迎。

大概它预感到今夜天气就要转冷，所以才高高兴兴地围上一条皮毛围脖儿。

（2）小组合作阅读，思考：

①这两篇文章中，哪些比喻句你特别欣赏？

②这两篇文章中，哪些短句子让你的心微微一动？

③这两篇文章中，哪些地方让你感受到了列那尔把动物当作"人"来写？

（3）师生讨论交流，感受列那尔文字中比喻的精妙，体会短句子带给读者想象的空间，且富有节奏，并且了解到在列那尔的笔下，这些小动物往往都具有人的动作、心情。

教师小结：列那尔描写动物，就像画素描，没有华丽的辞藻，但在他的笔下，所有动物都是一个个鲜活的生命。

四、图片激趣，尝试运用写作秘诀

（1）生活中，我们经常看到各种各样的小动物，比如一天清晨，遇到一条可爱的小狗，你走过去，让他闻闻你手上的花香；用一片青青的草叶，逗弄一下这个小小的西瓜虫；在公园游玩，遇到鸽群起飞，一只鸽子亲了一下你的额头；黄昏时分，坐在草地上，一只蜻蜓飞来落在你的手掌上……（出示相关图片）这些画面让你想到了哪个小动物，你曾关注过它、观察过它吗？学学列那尔，用文字为它们画一幅动物素描吧。

（2）出示片段练习要求。

写作小贴士：

（1）抓住动物某一方面的特点来写，不求面面俱到；尝试运用短句子，运用一些别致的比喻，真正把动物当作人来写，让他（她）有人的举动、人的心情等。

（2）时间十分钟。

（3）师生交流写好的片段。

五、拓展延伸，推荐阅读

教师小结，推荐阅读《自然纪事》：这节课，我们阅读了列那尔的几篇动物小品，通过列那尔的一组文章，充分感受到了列那尔文字中独特的魅力。课后，有兴趣的同学可以去读一读列那尔的《自然纪事》，这本书中收录了列那尔的 70 多篇动物小品，大家可以再去品一品那些短小的句子、精巧的比喻，以及那一个个活泼的小生命。

参考文献

（一）著作类

[1] 陈剑晖．诗性想象：百年散文理论体系与文化话语建构 [M]．广州：广东人民出版社，2014.

[2] 孙绍振．审美、审丑与审智：百年散文理论探微与经典重读 [M]．广州：广东人民出版社，2014.

[3] 王荣生．散文教学教什么 [M]．上海：华东师范大学出版社，2014.

[4] 朱自强．儿童文学怎么教：儿童文学文体知识与阅读教学 [M]．北京：中国人民大学出版社，2022.

[5] 谢有顺．散文的常道 [M]．广州：广东人民出版社，2014.

[6] 孙绍振．孙绍振如是解读作品（散文及其他卷）[M]．福州：福建教育出版社，2018.

[7] 王剑冰．散文时代 [M]．郑州：河南文艺出版社，2008.

[8] 何平．散文说 [M]．南京：江苏文艺出版社，2013.

[9] 王兆胜．散文文体的张力与魅力 [M]．广州：广东高等教育出版社，2020.

[10] 吴礼明．散文阅读新路径 [M]．福州：福建教育出版社，2012.

[11] 颜水生．中国散文理论的现代转型 [M]．北京：中国社会科学出版社，2014.

[12] 王兆胜．新时期散文的发展向度 [M]．广州：广东人民出版社，2014.

[13] 范培松．散文脉络的玄机 [M]．广州：广东人民出版社，2016.

[14] 吴周文．散文文体自觉与审美诉求 [M]．广州：广东人民出版社，2020.

[15] 林非．散文的昨天和今天 [M]．广州：广东人民出版社，2016.

[16] 吴周文．散文审美与学理性阐释 [M]．广州：广东人民出版社，2016.

[17] 肯·古德曼．全语言的全全在哪里 [M]．李连珠，译．南京：南京师范大学出版

社，2005.

[18] 周红莉.中国现代散文理论经典 [M].苏州：苏州大学出版社，2008.

[19] 沈金耀.散文范式论 [M].福州：海峡文艺出版社，2009.

[20] 吕若涵.现代散文的阐释空间 [M].北京：人民出版社，2015.

[21] 方遒.散文学综论 [M].合肥：安徽教育出版社，2004.

[22] 张学青.给孩子上文学课 [M].北京：中国人民大学出版社，2017.

[23] 徐鲁.享受散文的陶冶 [M].北京：同心出版社，2015.

[24] 朱自强.儿童文学概论 [M].北京：高等教育出版社，2009.

（二）学术期刊类

[1] 张心科.重回"形散神聚"：散文教学的问题与对策 [J].语文教学通讯（高中），2019（3）.

[2] 张学青.在经典散文的阅读中通识明理 [J].人民教育，2019（7）.

[3] 王荣生.中小学散文教学的问题及对策 [J].课程·教材·教法，2011，31（9）.

[4] 邵龙霞.部编版语文教材中儿童散文的教学价值、内容及策略[J].新课程评论，2021（6）.

图书在版编目（CIP）数据

散文的阅读与教学 / 邵龙霞著 .
—上海：华东师范大学出版社，2023
ISBN 978-7-5760-4115-6

I. ①散… II. ①邵… III. ①语文课—教学研究—中小学 IV. ① G633.302

中国国家版本馆 CIP 数据核字（2023）第 157620 号

大夏书系 | 不同文体的教学

散文的阅读与教学

总 主 编	王 红 徐冬梅
著 者	邵龙霞
策划编辑	李永梅
特约编辑	亲近母语
责任编辑	薛菲菲
责任校对	杨 坤
装帧设计	奇文云海·设计顾问

出版发行	华东师范大学出版社
社 址	上海市中山北路 3663 号 邮编 200062
网 址	www.ecnupress.com.cn
电 话	021-60821666 行政传真 021-62572105
客服电话	021-62865537
邮购电话	021-62869887
地 址	上海市中山北路 3663 号华东师范大学校内先锋路口
网 店	http://hdsdcbs.tmall.com/

印 刷 者	北京密兴印刷有限公司
开 本	700×1000 16 开
印 张	10.5
字 数	140 千字
版 次	2023 年 11 月第一版
印 次	2023 年 11 月第一次
印 数	6 100
书 号	ISBN 978-7-5760-4115-6
定 价	52.00 元

出 版 人	王 焰

（如发现本版图书有印订质量问题，请寄回本社市场部调换或电话 021-62865537 联系）